福建省学校团干名师工作室丛书

YONG DOUYIN CHUANGXIN GAOXIAO SIXIANG YINLING DE TANSUO

用抖音创新
高校思想引领的探索

李天丽　编著

光明日报出版社

图书在版编目（CIP）数据

用抖音创新高校思想引领的探索 ／ 李天丽编著 . --
北京：光明日报出版社，2021.6

ISBN 978 - 7 - 5194 - 6205 - 5

Ⅰ.①用… Ⅱ.①李… Ⅲ.①视频—传播媒介—应用
—高等学校—思想政治教育—教学研究—中国 Ⅳ.
①G641 - 39

中国版本图书馆 CIP 数据核字（2021）第 150120 号

用抖音创新高校思想引领的探索

YONG DOUYIN CHUANGXIN GAOXIAO SIXIANG YINLING DE TANSUO

编　　著：李天丽

责任编辑：杨　茹　　　　　　　责任校对：傅泉泽
封面设计：中联华文　　　　　　责任印制：曹　净

出版发行：光明日报出版社

地　　址：北京市西城区永安路 106 号，100050

电　　话：010 - 63169890（咨询），010 - 63131930（邮购）

传　　真：010 - 63131930

网　　址：http: // book. gmw. cn

E - mail：yangru@ gmw. cn

法律顾问：北京市兰台律师事务所龚柳方律师

印　　刷：三河市华东印刷有限公司

装　　订：三河市华东印刷有限公司

本书如有破损、缺页、装订错误，请与本社联系调换，电话：010 - 63131930

开　　本：170mm × 240mm

字　　数：185 千字　　　　　　印　　张：14

版　　次：2021 年 6 月第 1 版　　印　　次：2021 年 6 月第 1 次印刷

书　　号：ISBN 978 - 7 - 5194 - 6205 - 5

定　　价：58. 00 元

前　言

　　习近平总书记强调"要高度重视对青年一代的思想政治工作，完善思想政治工作体系，不断创新思想政治工作内容和形式"，这对新形势下思想政治教育的创新和发展提出了明确要求。当下，做好大学生思想政治教育离不开对互联网的研究。据第47次《中国互联网络发展状况统计报告》，截至2020年12月，我国网民规模达9.89亿，其中，网络视频（含短视频）用户规模达9.27亿，占网民整体的93.7%。抖音作为短视频场域中具有革命性的传播形态之一，吸引着青年大学生群体的关注和参与。据抖音发布《2020抖音大学生数据报告》显示，截至2020年12月31日，抖音在校大学生用户数已超2600万，占全国在校大学生总数的近80%。抖音在大学生中长驱直入，高校思政工作者必须主动作为。正处于人生"拔节孕穗期"的大学生作为网络的"参与人"和"在场人"，是进行思想政治教育的"关键多数"。研究抖音对高校思想政治教育的赋能和创新，主动占领网络育人新阵地是做好高校思想政治教育工作的题中之义。

　　围绕"思想引领"这条主线，本书以"抖音"短视频为切入点，力图由"点"到"面"，从十个章节对用抖音激活高校思想引领的新理念、新成果和新实践进行了探索。第一章概述了新形势下抖音给高校思想政治教育带来的"危"与"机"；第二章梳理了当前抖音在高校发展的全景生态；第三章总结了如何明晰定位，"锚定"思想政治教育"人设";第四章阐述了通过团队协作,寻求思想政治教育多方共赢;第五章剖析了大学生喜爱抖音的内在逻辑;第六章叙述了如何发掘身边的抖音故事;第七章梳理了打造不同类型短视频剧本的策略;第八章介绍了抖音的拍摄技巧;第九章论述了如何利用抖音为思政"引流";第十章总结了对短视频进行内容监管的问题和对策。

本书的第一、二、四、五、七、十章由李天丽执笔著写,第三、六、八、九章由李天丽、戴美红、黄云如、朱丽燊执笔著写。由衷感谢董浩玉、胡婷婷、王玉玲、郑瑜辉、周艺涵、王卓钦、李雨潼、黄婕、林铃、钟丹凤、徐殿秀、李喆等同志在本书著写过程中的无私付出,感恩每一个成就这本书的贵人。

本书是福建省学校团干名师工作室系列丛书之一,感谢共青团福建省委对"学校团干名师工作室"的培育和厚爱,"团干名师"是一份荣耀和责任,本人将竭尽所能,形成一批理论成果,打造学校共青团品牌,切实有效破解共青团发展实际问题,推动共青团改革再出发,引领"向上向善"新风尚。

本书在著写过程中参考了国内外的有关报刊资料和同行专家的著作,吸取了当前国内外该领域的最新研究成果,再次一并致以最诚挚的谢意!由于时间仓促,加之能力、水平有限,本书难免有疏漏之处,敬请各位读者批评指正。

李天丽

目　录
CONTENTS

第一章

抖音风口：思想引领崭新阵地

在互联网信息技术快速发展的今天，各种各样的新媒体平台，不仅丰富了青年大学生的业余生活，同时在拓展青年大学生思想与视野方面也有着极大优势。其中，以短视频传播为主的平台成为人们在闲暇时刻接收新鲜事物的重要路径。从新的社会价值坐标系来说，短视频技术增加了社会的流动性，扩大了人的自主选择权。其从技术上提供的场景价值，极大拓展了人的连接方式和体验空间，对虚拟内容创业提供了极大的帮助。

2016 年年末，作为短视频界的黑马——"抖音"问世。其通过"音乐＋视频＋社交"的新颖形式吸引了青年大学生的广泛关注和参与。"抖音"平台用户数量呈现出快速发展的态势，进而出现了"抖音热"的浪潮，使社会群众也逐渐开始使用抖音视频来记录一些生活中的点滴，全面促进了短视频行业发展。2021 年 1 月 26 日，抖音发布《2020 抖音大学生数据报告》。《报告》显示，截至 2020 年 12 月 31 日，抖音在校大学生用户数已超 2600 万，占全国在校大学生总数的近80％。这反映出通过抖音获取信息、记录生活已成为当代年轻人最喜欢的生活方式之一。

短视频作为新兴传播形式，因其内容传达的直观、生动、快捷而迅速崛起，受到大学生的青睐。以抖音、快手等为代表的短视频平台，迅速崛起，改变了青年大学生的生活及娱乐习惯。如何利用抖音平台弘扬正能量，抵制低俗信息传播，已经成为高校思想政治教育的重要研究方向。

第一节 抖音之势，专注青年的音乐短视频社区

由于信息爆炸和信息焦虑乃至信息疲惫，各种新媒体试图超越文字和图片，通过更有吸引力和更容易理解的视频来争夺青年大学生网民的有限注意力，① 短视频平台的运作与发展也为视频娱乐的传播方式提供了新思路。以往由专业团队制作的电视娱乐节目传播方式，转变为通过使用户成为短视频的制作者、分享者来提高用户的参与度，以及短视频在社交网络中的传播度。②

一、短视频逐渐改变网络舆论生态格局

仅仅几年的时间，短视频已悄然成为大众传媒的重要媒介。"移动先行""视频先行"等成为打造新型主流媒体的新方式。③

1. 短视频成为媒体生产的重要形式

短视频成为社会化自媒体生产重要形式，改变舆论生态。2014 年以来，"冰桶挑战""小苹果""挖掘机技术哪家强"等短视频社交成为流行现象。山东招远"5·28"故意杀人案、南京街头驾车撞人并持刀捅人案件等，都以短视频的形式传播，造成一定社会影响。此外，

---

① 刘博，夏德元．"抖音"短视频中的音乐传播创新——基于示能性理论的视角 [J]．新闻爱好者，2019（06）：17 – 21．
② 邓楚楚．从抖音短视频看视频娱乐的社会化传播 [J]．新媒体研究，2018，4（22）：120．
③ 邓建国，张琦．移动短视频的创新、扩散与挑战 [J]．新闻与写作，2018（05）：10 – 15．

"无人机 + 短视频"成为突发事件中常见的报道形式。在一系列网络热点事件中，2015 年天津港"8·12"火灾爆炸事故中，人民网通过无人机拍摄的短视频画面实现了突发事件的快速报道。无人机突破了传统新闻视频拍摄的空间物理短板，在四川"8·8"九寨沟地震灾害、南方雨灾和四川茂县山体垮塌等突发事件中大显身手。①

2. 短视频成为社会监督的重要手段

短视频也成为网络举报和舆论监督的重要表现手段。2016 年，如家和颐酒店女子被拖拽视频引发轩然大波；2016 年 11 月，梨视频上一条 6 分多钟的"实拍常熟童工产业：被榨尽的青春"视频引发关注；2017 年，海底捞事件、小龙坎火锅等也曾被短视频曝光。同时，一些效仿的案例，引发网络反腐话题。但也有一些虚假视频混淆视听甚至因触犯法律法规被查处。

3. 短视频成为舆情传播的关键链条

短视频在热点舆情传播链条中成为关键一环。2017 年 8 月陕西榆林孕妇跳楼事件中，其下跪视频引发关注。之后，上海携程亲子园事件和成都某中学食品安全事件均出现监控视频的调取，受到舆论追问和热议。2019 年，奔驰女车主坐在引擎盖上哭诉的视频在抖音疯传，甚至倒逼汽车行业整改规则。

4. 短视频成为文化宣传的创新方法

短视频的兴起为多元传播和城市文化宣传提供了新方法。各地主流媒体的网络行业出现大量短视频和直播的应用，成为新时代构建多元立体媒体融合传播格局的有益探索。同时，不少短视频平台融合了不同类型媒体的特长与优势，调动了网民广泛参与，也有利于构建立体传播体系。2017 年以来，不少短视频平台推出扶贫内容。此外，"跟着抖音玩

---

① 刘鹏飞 . 我国短视频平台的发展历程与走向 ［J］. 中国报业，2019 （03）：74 - 75.

西安""游敦煌""逛正定""游山东"等在文旅领域引发反响，通过挖掘这些城市的特色，用短视频打造"网红"城市，收获了大量关注，不少网民更是不远千里到实地体验一番。①

二、移动短视频进入火爆的"抖"时代

抖音火在它的精准定位和极致体验，核心就在于不断贴近用户和市场的需求，有着创新的理念，更有着互联网思维的运用，摸清其中的传播规律和逻辑，才能更好地占领意识形态新阵地。2019年1月22日，《中国移动互联网2018年度大报告》显示，抖音、快手的DAU（日活跃用户）均已超过优酷、爱奇艺、腾讯三家，短视频行业已超越在线视频成为仅次于即时通信的第二大行业。在这一领域，抖音和快手的人气高居不下，其中抖音的MAU（月活跃用户）、DAU和下载量从2018年4月起全面超越快手，成为第一大短视频APP。

2018年6月1日，抖音短视频全面开放企业入驻，抖音企业号认证平台正式上线。凡是符合认证条件的企事业单位，均可通过申请抖音企业号，获得官方认证蓝V标识，并使用官方身份。新华社、人民日报等主流媒体纷纷认证入驻，意味着"两微一端一抖"的时代真正来临。对于高校思想引领工作而言，如果说微博、微信的红利期已过，那么抖音已然是下一个流量风口。作为短视频平台的典型代表，"抖音"的快速发展与新媒体时代用户网络使用习惯相关，也与自身传播特点相关。

1. 定位精准，传播对象年轻化

目前，短视频主要面向的用户人群是20—29岁的年轻人，他们对音乐、视频剪辑有较高的热情和创造力。抖音在短视频的基础上，将定位重点放在音乐和创新上。因而，抖音成为专注新生代的音乐短视频社区，其用户往往更倾向于向身边的朋友分享相关创新类视频，实现了口

---

① 刘鹏飞. 我国短视频平台的发展历程与走向［J］. 中国报业，2019（03）：74 - 75.

碑传播，进一步推动了用户规模的快速增长。①

2. 操作简单，传播方式界面化

抖音短视频制作主要体现在以下几点。一是平台层级划分合理，极大地方便了用户使用。二是操作路径较短，短视频制作方便。在抖音，只需要"选择音乐—拍摄视频—剪辑加工—发布"就可以实现。三是视频时间短，质量易于提升。抖音上的视频只有15秒，有助于推动用户提升视频制作质量。四是特效炫酷，刺激用户自由表达。抖音在滤镜、美颜、特效以及视频效果样式等方面投入大量精力，使用户在镜头面前能够更加自信、自由地展示自我，从而增加用户表达、参与和录制的意愿。②

3. 时尚潮流，传播内容个性化

按照粉丝的话来说，抖音的音乐很"魔性"，个性化音乐配置是抖音的重要特点。抖音音乐库包含了平台筛选存储的各种音频片段，还可以连接百度音乐为用户提供音频搜索服务。同时，抖音还为用户拍摄视频提供了各种音频、视频加工插件，有利于用户根据自身需求进行音乐制作。从已有的短视频平台来看，提供个性化的服务已经成为行业的基本运作方式。

4. 黏性捕捉，传播过程互动化

抖音平台注重互动体验，创作者和粉丝之间能够通过关注、点赞和评论等各种方式进行互动，此外平台还通过邀请一些明星和网红 IP 入驻，从而扩展用户规模。为了增强互动性，抖音平台还会经常与其他平台合作发起线下活动，或不定期发起有趣的话题，激发用户灵感与兴

---

① 陈曦，吴晓艳. 短视频平台的用户心理分析及其规制——以抖音为例 [J]. 传媒，2019（03）：86 – 88.

② 胡琼华. 媒介作为实质的控制：基于"抖音"的用户使用 [N]. 中国社会科学报，2018 – 11 – 22（003）.

趣，提高用户黏性。

第二节 抖音之患，大学生使用抖音的负面影响透视

抖音调剂了大学生的日常生活，让很多人有血有肉地体验了一把天南地北。部分大学生通过抖音上的创作和表达，记录着日常生活的点滴，也很大程度上疏解着他们平淡业余生活中内心的孤独和寂寞。而在这些个体行为朝着相互协助的公共性方向演进的时候，爆红的抖音在带给青年学生美好愿景的同时，同样也乱象频生，使得学生沉迷于虚幻的精神愉悦。抖音成瘾、信息茧房、沉迷虚妄、精神污染等负能量磁场给大学生思想政治教育带来严峻挑战。面对挑战，思想政治工作者应加大对抖音的关注和研究，加强对抖音的价值引导，运用抖音做好青年大学生思想政治教育，利用抖音激浊扬清，抖出更多正能量，使抖音拓展成为青年大学生思想政治教育的新阵地。①

一、从记录美好到刷屏成瘾的隐忧

抖音平台具有资源丰富、低门槛、成本低等特点，但过度使用或沉迷其中也会带来不良影响。思想政治教育工作者在了解抖音育人的同时，也要看到背后存在的隐忧。

1. 虚拟世界消磨意志

移动互联网时代，网络像水电煤一样成为嵌入人们生活的基础设施，而手机则日益演化为人体的"电子器官"，相当一部分人的功能甚

---

① 骆郁廷，李勇图. 抖出正能量：抖音在大学生思想政治教育中的运用 [J]. 思想理论教育，2019（03）：84-89.

至要依赖手机才能得到更好的完成，比如记忆功能、人际互动与文化创造。① 抖音上的视频题材涵盖了青年大学生日常生活的方方面面，校园生活、旅游攻略、化妆教程、美食制作、性格分析、生活技能等，琳琅满目的短视频每天都在被抖音源源不断地推送着。

抖音让生活乏味、社交渠道闭塞的一些青年大学生沉迷其中，无法自拔。抖音上花样百出的男男女女和千奇百态的生活景象，仿佛开启了他们拥抱新世界的大门，他们发现抖音上原来有很多和他们一样的人，也有很多和他们截然不同的人。他们愉悦地沉浸其中并尽情地享受着抖音的视频场景所建构出的虚拟世界，仿佛通过浏览分享别人的快乐就可以弥补自身现实中不能实现的那份遗憾，他们在抖音的延伸和控制中逐渐失去自我，百无聊赖却又中毒般机械重复地刷着抖音，"抖"掉了本该在现实生活中拼搏的大好时光。②

2. 算法运营避重就轻

尽管思想政治教育话语权尚处于主导和控制地位，但其影响力受到越来越多因素的限制。传统的思想政治教育内容是自上而下的纵向传播，而抖音"去中心化"的算法推荐机制将传播形态由"纵向"变为开放式、扁平化、平等性"网状"模式，使得信息传播变得更加广泛和无序。客观地讲，短视频中不乏积极、健康、向上的正能量内容，这些内容对青年大学生用户正确价值观的养成是正向的、积极的；但同时，短视频中也充斥着浮夸的表演、出格的搞怪、偏激的嘲讽，甚至有些还涉及暴力、色情和血腥等。短视频平台基于"算法"的内容推送体系，以及片面强调"算法无价值观"的商业运作思维，使得青年大

---

① 高宏存，马亚敏. 移动短视频生产的"众神狂欢"与秩序治理［J］. 深圳大学学报（人文社会科学版），2018，35（06）：47 - 54.
② 骆郁廷，李勇图. 抖出正能量：抖音在大学生思想政治教育中的运用［J］. 思想理论教育，2019（03）：84 - 89.

学生用户接受的短视频内容在质量上参差不齐。① 此外，"算法"还可以进行精准聚类，激活用户间的情感共鸣，打造了交互性更强的网络短视频社交，从而造成价值传递的无序难控。

例如，抖音平台上一位成年用户佩戴着红领巾刻意扮丑并当街截停路人进行搭讪、骚扰，口中还唱着怪异的歌曲，以此博取噱头，赢取流量，其粉丝量竟也能达到百万之多。同样，有人为追求低级趣味，在拍摄城管巡街视频后添加鬼子进村的音乐，恶意抹黑执法人员形象。2018年7月，抖音海外版因存在大量消极不雅的内容被印度尼西亚政府封禁。大学生正处在朝气蓬勃的青年时代，正是树立正确的世界观、人生观和价值观的关键时期。长时间接触这些短视频中负面的内容，使得部分大学生"入鲍鱼之肆，久而不闻其臭"，并可能会刻意模仿或传播这些负面信息，并自认为这种"网络化"的行为是一种时尚。这种"网络化"的认知误区和模仿行为，即网络化偏差行为，极大地妨碍了大学生正确行为规范的养成。②

3. 教师话语难以同频

自媒体时代短视频的大量传播，使得大学生接收信息的平台不再局限于学校和教师。传统意义上，学校和教师承担着教书育人、引导大学生树立正确价值观的任务，扮演着改造大学生价值观"人生导师"的重要角色。但在自媒体时代，学校和教师这种信息传播者和价值观改造者的主体地位受到了巨大的冲击。抖音大范围的渗透极大地改变着大学生的认知体验，也侵扰了他们现实中的学习和生活。抖音将沉迷其中的大学生带入了巨大的娱乐狂欢中，短平快和强刺激降低了大学生获得快感的阈值，并让他们在刷抖音的过程中逐渐习惯了唾手可得的满足感，

① 席洪强. 短视频在成长小组课程思政中的作用路径研究 [J]. 现代交际，2018（21）：185 – 186.

② 席洪强. 自媒体时代短视频对大学生价值观的影响研究 [J]. 现代交际，2018（19）：9 – 10.

而这种唾手可得，却在一定程度上消弭了现实中努力奋斗所需要的高强度自律和对事物深入的思考。风行的网络话语以调侃、八卦、吐槽等夺人眼球的方式构建起新的话语体系，潜移默化地解构着思想政治教育的"正谕"话语，他们在思想价值层面所体现出来的以解构主流、非中心化、非同一性、否定权威倾向，导致思想政治教育的内容被严重稀释，甚至使大学生产生对主流价值观念的排斥。高校思想政治教育课是引导和改造大学生价值观的主阵地。但在自媒体的今天，这种主阵地作用的发挥正在遭受各种短视频平台的"围追堵截"，增加了大学生思想引领的难度。

4. 吃瓜群众集体失语

青年大学生对音乐、舞蹈、视频有极高的热情和执着的热爱，他们追求有态度的生活方式、有趣好玩的生活节奏，崇尚个性、酷炫和新潮。抖音平台迎合信息自由发布的时代要求，鼓励用户自由创作生产。平台还不断开发各种玩法，刺激用户自由表达，在特效滤镜、炫酷剪辑等加持下生产出大量好玩有趣的视频。①

但实质上，虽然青年大学生的表达权在当今新媒体时代得到极大扩张，但绝大部分普通学生的表达淹没在泛滥的信息汪洋之中。而媒体平台中的大 V、明星、名人话语权的获得比普通用户要容易得多。可以说，在抖音平台中，用户的自由"表达"与话语权依旧掌握在少数意见领袖手中。比如，某位明星在抖音随便发布一条视频就能获得上万点赞和评论，从而成为平台实际的意见领袖。绝大部分普通用户虽然也能在平台上自由发布内容，但更多的是一种自娱自乐，鲜有曝光率和关注度，更谈不上话语权。

---

① 胡琼华. 媒介作为实质的控制：基于"抖音"的用户使用 [N]. 中国社会科学报，2018 - 11 - 22（003）.

二、从网红审美到身份认同的困境

抖音的生产创作者经历了标定或自我界定的过程后，形成了在抖音空间中自我身份的网络角色认同。比如娱乐搞笑者、生活记录者、产品营销者等。在此过程中，角色认同的强化与弱化都是通过与他人的交往互动实现的。生产者通过抖音平台创作或发布音乐视频，平台分析统计受众对该作品或生产者的反馈，形成相关数据反馈给生产者；或者，受众通过平台与生产者进行互动，直接将反馈信息和期待反映给生产者。在交往互动中，他人期待与自我界定互相影响，巩固或弱化生产者的角色认同。从社会身份认同理论视角来看，抖音的生产创作者经历社会分类、社会比较和积极区分三个环节，依据主观上知觉到他人与自己共属而产生的认同感，产生了自我界定所属社会类别或群体的意识。随着抖音迎来高速发展期，其用户规模、用户群体、产品定位、内容特点等各方面情况都发生了变化，抖音生产者一些认同异化的倾向被暴露了出来。①

1. 角色混乱

在抖音上每个人都是导演者，大部分用户并非视频制作的专业人士。抖音上不仅有名人明星、网络红人，也有纯素人，并且素人比例占到了49.1%。通过抖音的智能算法推荐，只要能够生产优质内容，即使是现实生活中不出名的素人和小明星也能引来大流量。这种现实与虚拟的反差让一部分青年大学生用户沉溺其中无法自拔，把在抖音虚拟空间的影响力误认为是现实中的影响力。②

于是平台上涌现出的大量视频，纷繁复杂，泥沙俱下，大量低价值

① 张贺云，王一鸣. 抖音用户的身份认同异化与生产传播困境 ［J］. 青年记者，2019（02）：12 – 13.

② 张贺云，王一鸣. 抖音用户的身份认同异化与生产传播困境 ［J］. 青年记者，2019（02）：12 – 13.

的简单模仿和平庸化的作品沦为作品金字塔的庞大基座。一些抖音用户为了引起注意，获得红利，沉迷于低俗、媚俗、恶俗的产品制作，在抖音上浮夸、扭曲、哗众取宠，甚至一些视频内容公然违背公序良俗，挑战法律底线，这给活跃其上的大学生带来很大的消极影响。另外，在抖音的虚拟空间中，生产者的社会关系只有简单的关注与被关注关系，而社会生活中的关系要复杂得多。抖音生产者角色混乱的另一个表现，就是将现实生活中的社会关系与虚拟空间的社会关系混淆。

2. 价值扭曲

如果说，个体在消费实践中界定地位、权力等身份表征，完成自我与群体认同，是身份认同的物化，那么，个体在网络交往实践中界定地位、权力等身份表征，完成自我与群体认同，则是身份认同的数字化。在网络虚拟世界，身份主体的实体缺场，导致个体可以脱离社会和传统的一些习惯和要求，按网络逻辑开展网络社会交往。一方面，这种网络逻辑与消费逻辑发生"化学反应"，导致自我物化的进一步加剧；另一方面，网络逻辑引发一些抖音用户对流量、粉丝的畸形追逐，以无所不用其极的方式哗众取宠，不断突破公序良俗的底线。一些抖音用户正日渐成为消费或数字的奴隶，人被物左右，被算法逻辑左右，人性价值被置换，自我意义被消解。

抖音碎片化、感官化的特征，迎合了大学生填补闲暇时间的需求和获取感官刺激的心理。大学生在"刷屏"的同时，将真实与表象不断融合，持续动态地塑造着价值认同，进而为自我构建的形成奠定认知基础。尽管抖音的宣传语是"记录美好生活"，但这种"记录"携带着明显的消费主义倾向，部分视频也逐渐呈现了"剧本先行"的特征，呈现的往往是"理想自我"和"理想生活"幻象。而大学生在浏览视频的同时，与这种"视觉幻想"进行共情、体验，真实自我则被逐渐掩饰或边缘化，从而异化了自我的认知。

3. 青年迷群

高粉丝量、高人气的抖音网红也引发了一些"脑残粉"式的青年迷群。由于对偶像的极度推崇和深度痴迷，以至于"脑残粉"丧失理智，是非不分，为维护偶像而做出各种偏激狭隘的举动，如容不得别人批评自己的偶像。当作为某个网红狂热粉丝群成员的社会身份认同凸显，而构成群属核心的网红被外群体的人员集体批评时，容易导致强烈的群际歧视反应和社会身份认同错乱。

三、从信息茧房到公共领域的异化

1. "信息爆炸" VS "知识碎片"

一直以来，大学生群体中都存在这样的迷思，网络媒介上获得数据和信息是学习知识的积累，也就有了"度娘"一类的说法。然而，数据要通过人工处理才是信息，信息要通过个人认知才是知识。抖音的大数据算法主导的信息推荐技术，很容易自动过滤掉"不感兴趣""不认同"的信息，形成"看我想看，听我想听"的模式，减少了接触其他信息的机会，导致大学生信息接收维度变窄，资讯获取渠道单一，在单调重复的"刷屏"中形成单调特定的兴趣习惯，让大学生深陷"信息茧房"的桎梏，而且"技术算法"推荐中没法保证短视频的内容质量，各种不知来源的信息泥沙俱下、真假难辨，导致大学生的思考短路和认知窄化。①

2. "私人空间" VS "公共领域"

网络信息安全隐患丛生。短视频作为高度开放的新兴信息载体和社交平台，滚雪球式的粉丝增长和视频转发，消解了网络社交中的高度私密性，大学生为了片面地追求个体情感需求，将私人事务曝光于公众视

---

① 梁靖，张宇. 社交短视频对大学生的影响及辅导员思政工作的反思与创新 [J]. 新媒体研究，2019，5（02）：68－69.

野，加之短视频信息准入门槛低、虚拟网络人的混杂、安全监管有待加强等原因，极易造成大学生个人信息与隐私的泄露，给自身及家人朋友带来信任危机和安全隐患，甚至会被别有用心的不法分子煽动利用，成为恶俗文化、虚假信息的传播者。

3. "社交本质" VS "文化形态"

抖音作为虚拟空间的流行社交方式，其碎片化、形象化、参与热很容易使大学生沉溺其中、自我封闭，与现实世界脱离，造成大学生在现实世界人际交往能力减弱和情感缺失，带来行为变异、心理错位甚至生理失调的恶性循环。其中，隐藏在内的内容同质俗化、价值崩塌、规矩与礼序失范等问题也在逐渐消解主流文化的主体地位，网络匿名性的"松绑效应"带来的道德失范和网络暴力，自拍文化、网晒文化的流行带来的个人自恋主义抬头，这些都在引发大学生陷入角色混乱的认知危机，异化着大学生的生活方式、思维方式和价值观念。

第三节　抖音之机，短视频繁荣背后的思政蓝海

抖音的优势在于它的精准定位和极致体验，归根结底就在于不断贴近用户和市场的需求。其中，不仅有着创新的理念，更有着互联网思维的运用，这为大学生思想政治教育提供了参考和借鉴。

一、学生草根文化与个体权利置换的新场域

法国学者埃德加·莫兰在《时代精神》中这样写道："文化和个人生活从未如此地进入商业和工业的流程，世界的梦呓从未如此地被工业

地生产和商业地销售。"① 在移动互联网时代，短视频平台因其天然的"草根性"特点，打破了传统媒体对参与主体的苛刻限制，为青年大学生提供了自由表达内心想法、进行自我展示的权利空间，每一位大学生都可以自由发出自己的声音，自主分享资讯，同时又能够在用户与创作者之间自由进行身份切换，对他人分享内容表达看法、即时互动，因而创造出了生机勃勃的"草根文化"新景观。

不同于过去在线视频哗众取宠、同质化严重的戏谑搞笑，抖音中更多的是对现实的记录或是颇具创意性的表达。一段舞蹈、一道美食、一处风景都可以成为被记录的对象，至于一个有趣的梗或是一个好的创意更是能够得到大量点赞，获得超高认同感，这无疑为青年大学生提供了尽情释放才华、进行情绪宣泄的绝佳渠道。如大学生抖音用户@欧波无尽在平台上晒出了自己写的钢笔字，得到了"抖友"92万次的点赞，1.7万条评论。

从企鹅智库发布的数据来看，高达57%的用户会关注抖音上"有意思的普通人"，53.3%的用户会关注有才艺的达人，而热衷于关注名人明星的用户占比只有20.9%。互联网作为一种新型媒介，刚好为文化发展建构提供一种全民参与、全民沟通、全民创造的新路径？而抖音类的短视频平台更是为青年大学生"草根文化"建设发挥自觉性、主体性作用提供了开放、便捷、共享的渠道。

二、主流价值引领与优秀文化传播的新空间

在《关于加快构建现代公共文化服务体系的意见》中指出，要加快推进公共文化服务数字化建设，提高资源供给能力，鼓励各地整合中

---

① ［法］埃德加·莫兰. 时代精神［M］. 陈一壮，译. 北京：北京大学出版社，2011：3.

华优秀文化资源，开发特色数字文化产品。①

从最初对"娱乐至死"的批判、"文化濒危"的担忧，到当前的开怀接纳，社会对于互联网文化这种新兴文化形式的态度已经从最初的怀疑、指责乃至排斥、抵触，逐步走向包容与理解、参与和支持。

这一转变的原因在于互联网文化内容不能与"三俗"、文化失控等现象画等号。相反，这一日渐成熟的文化形式正在成为传播正能量、弘扬社会主义核心价值观、诠释中华优秀传统文化的重要场域。②

首先，抖音等新兴短视频平台完全可以成为弘扬主旋律的利器，实现正向能量引领。例如，2017 年 11 月 15 日，抖音用户@浙里有警发布了一段司机横车挡车流、帮助老人安全过马路的短视频，触发了2568.7 万次的点赞，186803 条评论。许多网友留言道："正能量满满的！""善良的司机，向你致敬向你学习！""突然想哭，莫名感动！"这正是对社会主义核心价值观中"文明""和谐""友善"的生动诠释。在平面文字迈向立体视频的过渡时代，这是刷在墙上的标语所无法达到的层次。这就要求我们必须及时抓住短视频这一风口开展正面宣传引导，创新宣传形式、语态，取得良好的传播效果，让舆论空间充满正能量。2019 年 1 月，中央电视台与抖音短视频举行新闻发布会，正式宣布抖音将成为 2019 年中央电视台春节联欢晚会的独家社交媒体传播平台。这次与春晚合作，也是抖音向主流靠拢，提升短视频内容整体质量，抵制低俗、传递正能量的一种表现。央视的"下凡"对于大学生思想政治教育而言，也提供了更多的思路。抖音等新兴短视频平台完全可以成为高校思政工作者弘扬主旋律的阵地。

其次，借助于短视频这样的传媒新力量，传统文化也能"抖"起

---

① 中共中央办公厅、国务院办公厅印发《关于加快构建现代公共文化服务体系的意见》（全文）[EB/OL]. 中国政府网，2015 - 01 - 14.
② 高宏存，马亚敏. 移动短视频生产的"众神狂欢"与秩序治理 [J]. 深圳大学学报（人文社会科学版），2018，35（06）：47 - 54.

来。互联网是中华优秀传统文化创造性转化和创新性发展的重要场域。当前，西安、济南等历史文化名城和糖画等非物质文化遗产在抖音上相继走俏，古老和时尚的碰撞为传统文化注入了新的旺盛生命力。并且15秒的短视频还为推动中华优秀传统文化走出国门、讲好中国故事注入了新的活力。例如，2017年抖音在短视频平台musical. ly上向全球同步推出了"我们来自中国"的活动，网友们上传的包括中国美食、书法、传统手工艺在内的富含中华文化气息的短视频，给世界各地的外国网友带来了强烈的视觉享受，引发海量点赞。新兴短视频与传统文化的融合创新，成功地打开了一扇向世界展现中华魅力的新窗口，能够使更多人了解中华传统文化资源，传承优秀传统文化。

三、校园文化交流与青年典型培塑的新契机

当前，抖音迅速蹿红凸显出巨大文化张力，这种文化形式已经成为公共文化事业的有益补充。博物馆开启的"抖音之旅"充分展示了抖音这一现代传媒载体与公共文化设施相结合所产生的良好效果。中国国家博物馆、南京博物院等七家国家一级博物馆集体入驻抖音，并合作推出了文化创意短视频："第一届戏精大会"，四天时间里累计播放量突破了1.18亿次，相当于大英博物馆2016年全年参观总人次642万的184倍。"博物馆＋抖音"这一形式是公共文化服务形式的创新，在实现公共文化产品与日常生活相融合的过程中，极大满足了公众对时尚文化的需要。移动互联网时代，公共文化服务若要真正满足公众需要，就不但要"触网"，而且要善于利用这些APP搭建出共生平台，顺势而为、借势创新，从而"让亿万人民在共享互联网发展成果上有更多获得感"。

就大学生思想政治教育而言，一方面，大学校园的各类高水平演出、讲座，也可以通过网络直播等各种新兴互联网传播手段，打破"基本观众""摊派人头"的传统方式，扩大文化传播的行为半径，借

力互联网新兴传播手段的锐势，搭建"可视课堂"、开设"名师直播"。一是共享互联网时代"注意力经济"优势，谋求更好发展；二是凭借其深层次、难以模仿的内涵，为当前的短视频领域提供更多优质内容，在提高大学生素养的同时，也为当前的互联网文化生态注入正能量。

另一方面，高校常见的社会主义核心价值观宣传教育主要以图文、漫画等形式，而以校园日常学习生活为主题，传递大学生自觉培育社会主义核心价值观的精神追求、展现大学生主动践行社会主义核心价值观的风采风貌的抖音视频却并不多见。选树校园抖音社会主义核心价值观宣传典型，使抖音平台成为涵养社会主义核心价值观的生动载体，提升校园抖音文化的价值影响力，也是运用抖音创新思想政治教育的新契机。

第二章

总体态势：高校抖音的发展现状

恩格斯指出，"一切社会变迁和政治变革的终极原因，不应当到人们的头脑中，到人们对永恒的真理和正义的日益增进的认识中去寻找，而应当到生产方式和交换方式的变更中去寻找"。① 当前，我国正处于社会变革的深水中，网络作为学习、工作、生活中最大的变量，在高校思想政治教育过程中，要让互联网这个最大的"变量"，成为思想政治教育最大的"增量"。

习近平总书记在全国高校思想政治工作会议上指出，"要运用新媒体新技术使高校思想政治工作活起来，推动思想政治工作传统优势同信息技术高度融合，增强时代感和吸引力。"② 这一重要论述为高校开展网络思想政治教育提出了新要求，有利于进一步增强网络育人的针对性、科学性和实效性。

当前，"意识形态的热点在网上，舆论引导的难点在网上，思想政治教育的重点在网上"③。当下以抖音平台为主的短视频成为思想引领的新阵地，高校应充分利用网络新媒体的技术优势和大学校园的资源优

---

① 马克思恩格斯选集（第三卷）［M］．北京：人民出版社，2012.
② 习近平在全国高校思想政治工作会议上的讲话［N］．人民日报，2016 - 12 - 09（01）．
③ 冯刚．新形势下推动高校网络文化建设的思考与实践［J］．思想教育研究，2015（08）：3 - 5 + 29.

势，加强抖音文化内容建设，为思想政治教育赋能。

第一节　发展：青年在哪里，思政阵地就建到哪里

习近平总书记曾提出"读者在哪里，受众在哪里，宣传报道的触角就要伸向哪里，宣传思想工作的着力点和落脚点就要放在哪里"等一系列宣传思想工作新思想新观点，为我们用抖音做好高校思想政治教育提供了思路。但高校新媒体平台建设资源有限，应当集中力量办大事，抖音能否成为适用于高校思想政治教育的社交媒体，也经历了一系列的摸索和实践。

一、探索：高校思政工作的触角向抖音延伸

大学生在哪里，思想政治教育工作就要往哪里去。抖音上线之初，影响力尚未触及官方，特别在经历"邱少云被火烧的笑话""未成年人温婉炫富"事件后，对于开通高校抖音账号，高校难免犹豫不决、小心翼翼。高校对于开办官抖的迟疑，不仅仅在于对抖音这样一款新兴短视频软件未来走向的各种不确定性，还在于对抖音这类碎片化的娱乐社区与校园官媒调性不相符的种种顾虑。随着抖音在大学生中的人气渐高，作为肩负培养时代新人重要使命的高校，若不主动占领抖音阵地，积极发出正面声音，大学生就可能会被抖音上的其他声音所影响。2018年年初，开始陆续有敢吃螃蟹的政务机构入驻抖音，如中央政法委，共青团中央，部分地区旅游、警务部门等政务型官方抖音。这些抖音号问世后，很快引发一股政务传播的潮流，其所发布的展示新思想、传播正能量的短视频屡屡成为抖音上的"爆款"。政务型抖音号的高歌猛进给高校开通营运校园抖音号起到了良好的示范作用。在75所教育部直属高校中，大连理工大学于2017年10月28日推出首个实名认证并最早

对外发布信息的高校官方抖音号。2018 年起，陕西师范大学、北京师范大学、浙江大学等高校逐渐重视短视频平台的阵地建设，陆续入驻抖音平台，并且获得了较高的粉丝流量和较好的传播效果①。浙江大学是较早开通官抖的高校之一，2018 年 6 月，@浙江大学 官方抖音号开通，录制了一条学长学姐为即将入学的新生"整理入学录取通知书、装封快递袋"的视频。视频在配乐上选择了青春洋溢的歌曲《奔跑》，激昂的旋律和励志的歌词夹持着"装封大学录取通知书"的视频画面自动循环播放，给人以无限的遐想与期望，不自觉间便有了一种向前奋进的勇气和力量。该短视频一经发布，很快在抖音上获得了 50 多万的点赞量和 1.5 万的评论。

二、兴起：抖音成为思想政治教育的重要表达工具

大学生集中、活跃的地方都应成为高校开展思想政治教育必争阵地。随着抖音的不断风行，众多高校开始关注抖音，纷纷抢滩登陆抖音这块高地并顺时应势地开通了官方账号。高校官抖，毋庸置疑，是指由代表高校的官方机构在抖音平台上开通并经过抖音平台认证的抖音账号。2021 年 1 月 26 日，抖音发布的《2020 抖音大学生数据报告》显示，已有 799 所高校入驻抖音，开通官方账号。数据显示，75 所教育部直属高校官方抖音号自开通以来至 2019 年 11 月 28 日，共计发布作品 7598 条，平均每个账号上传 125 条作品。从发布的活跃度来看，浙江大学自 2018 年 6 月 6 日发布第一条抖音作品以来，一共发布 577 条作品，基本做到了每日更新内容，其次是陕西师范大学（544 条）、北京师范大学（467 条）②。借助抖音受众广、传播快、可视化、智能推

---

① 王伟苗. 高校官方抖音号的运营现状及发展策略［J］. 湖南大众传媒职业技术学院学报，2020，20（03）：10 - 13.

② 王伟苗. 高校官方抖音号的运营现状及发展策略［J］. 湖南大众传媒职业技术学院学报，2020，20（03）：10 - 13.

荐等优势，很多高校已开始探索利用官抖构建展示新形象并着手开展抖音思想引领工作。抖音正在成为继微博、微信后校园新媒体宣传的第三大阵地，高校开始发力深耕抖音平台，各大高校官抖的建设跑步进入百花齐放的快车道。

三、趋势：建立主旋律与正能量齐鸣的长效机制

高校官方抖音之所以区别于抖音上的其他账号主体，主要在于一个"官"字，它的与众不同便在于其自带"官威"。顾名思义，高校官抖代表高校官方机构，其以官方的身份对外发布信息、展示学校形象，所传递的信息更具引导性、公正性和权威性。官抖自带官方属性，较之其他抖音账号具有更加明确的方向性。坚持正确的政治方向，坚决拥护党的领导，准确传递学校党委和学校行政的声音，是高校官抖义不容辞的责任。及时发布权威、公正的信息，积极弘扬主旋律，传播社会正能量，更是天然地内含在官抖的基因之中。同时，多数高校官抖能够主动适应抖音的传播风格，既有"严肃"也有"活泼"，通过"抖机灵"的形式，用心打造出有温度、有内涵、既严肃又活泼的"网红体质"。"抖机灵"即在保证内容权威可信的同时，能够利用抖音上的流行舞蹈、音乐、剧情等，寓庄于谐、寓教于短，将枯燥乏味变为趣味十足，适当增添一些活泼的气质。官抖褪去"高冷"的一面，通过"抖机灵"的形式一改学生对"官方发布"的刻板印象，极大地拉近了学校与学生的距离，同时在活泼生动的互动中将官抖所传播的正能量和主旋律送抵更广的学生触达面①。

---

① 李勇图. 高校官方抖音建设的现实审视与思考［J］. 文化软实力，2020，5（03）：57－64.

第二节 成效：助力高校立德树人功能实现

包括抖音在内的高校新媒体承担着当代大学生思想政治教育的功能，是高校立德树人功能实现的重要阵地。目前，高校抖音建设已取得阶段性成效，抖音阵地建设初见规模、思想引领作用日益凸显、学生互动体验逐步提升，为实现立德树人的教育目的，更好地发挥思想引领作用提供了载体。

一、抖音阵地建设初见规模

抖音的风行及抖音在大学生群体中较好的影响力促使越来越多的高校抢滩登陆抖音平台，顺时应势地开通了官方抖音账号，并纷纷借助抖音推进高校形象的时尚化表达，积极打造指尖上的宣传思想工作新阵地。阵地建设是高校宣传思想工作得以开展的先决条件，从高校官抖由无到有、由少到多的发展历程看，抖音阵地建设正在不断加强，兴办和建设官抖也已成为当下高校运用新媒体开展宣传思想工作的必然趋势。综观已开通官抖的高校，总体上运营质量也在不断加强，大多数高校能够将时尚元素与时俱进地融入抖音短视频的生产和学校形象的建构。比如中国人民大学官抖就在庆祝改革开放四十周年之际合乎时宜地推出了"复校四十年，我们在路上"系列短视频，生动的影像不仅深得大学生抖友的喜爱，而且很好地顺应了抖音的传播潮流，在引导学生成长、构建学校形象，争夺抖音话语权等方面起到了良好的示范作用。很多未开通官抖的高校，也纷纷摩拳擦掌，开始组建专门队伍，筹备启动抖音平台建设。

二、思想引领作用日益凸显

高校官抖是高校开展思想引领工作的重要窗口，已开通官抖的高校大都能够多措并举，积极发挥官抖的思想引领作用。比如大部分官抖都能把校训放在首页最显著的位置，校训涵盖着大学的内在灵魂和价值取向，是校园文化建设的重要内容，其不仅能体现高校厚重的历史和文化积淀，而且还极易引发师生的共情和认同，校训占据 C 位成为官抖在思想引领中的一道高丽景观。同时，还有很多高校能够依托自身的办学优势，开展思想引领工作。比如天津大学官抖在 2018 年 11 月发布的"天大范儿，这才是青年人该有的模样"短视频，视频配文"深切缅怀天大学长，中国材料科学的开拓者师昌绪院士百年诞辰"，视频内容是该校师生聚集在师昌绪院士石像前举行纪念活动；清华大学官抖 2018 年 12 月发布的"接力一二·九，传承民族魂"短视频，视频内容为该校为纪念"一二·九"运动举办的冬季长跑活动；武汉大学官抖发布杰出校友雷军"永是珞珈一少年"的演讲短视频，视频截取雷军回忆校园往事并以学长的身份对学弟学妹进行鼓励的部分，在抖音上极受欢迎。这些都是高校立足于抖音的传播机制，利用重大纪念日、主题日、特色资源等开展的思想引领活动，是借助官抖主动引领大学生的爱国、爱校意识，价值认知、政治信仰等的典型案例。此外，还有很多高校积极利用官抖开展弘扬优秀传统文化活动，普及中华优秀传统文化教育，比如陕西师范大学官抖发布的"毛笔手写录取通知书"，翰墨师大、韵味十足；再比如华中师范大学官抖发布的"让我们随着戴建业教授打开诗歌世界的窗户，感受诗歌世界的美"，视频极具文化性、艺术性，无不使抖音上的大学生感受到中华传统文化的博大精深，官抖的思想引领作用正日益凸显。

三、学生互动体验逐步提升

是否与大学生抖友保持良好的互动关系或大学生在"刷官抖"时体验感的强弱，将直接影响着他们对待高校官抖的态度、选择和判断。因此，增强官抖的互动性，提升用户的体验感，是高校官抖吸引更多受众并实现有效引领的关键。为增强互动性提升学生体验感，很多高校官抖都能不失时机地推出系列视频征集或创意征集活动，通过适当的物质奖励鼓励学生自主创作、主动参与，极大地调动了大学生用户的积极性。比如，上海交通大学、广西医科大学等高校官抖就对外公布了公众投稿和联系邮箱，面向学生发布"抖音征集令"，公开征集抖音作品，通过学生的参与来提升互动性和体验感。再比如，在2019年春季开学之际，上海交通大学官抖就发布了一个题为"故乡·回家"的短视频，视频的投稿者是一名在读学生，他用15秒的时间记了节后离村返校的几个瞬间，视频配文"拔下充电器的那刻，是多么地不舍，从此故乡只剩下冬天，再无春夏秋"，镜头从老化发黑的插排移到家门口泥泞的小路，从小镇上的小型公共汽车移到车窗外一闪而过的村庄，配乐选择了Beyond乐队的《光辉岁月》"一生要走多久的路程，经过多少年，才能走到终点……"音乐、画面、文案，相称相融，透露出一种淡淡的忧伤但又坚强并充满希望，让人在脑海中不由自主地浮现出一幅小镇青年异乡求学、艰辛打拼、在贫寒中努力奋斗成长的画面。该短视频发布后，在抖音上迅速获得17.6万的点赞量，3600余条评论，引起正在或准备离家返校的大学生广泛的共鸣。类似做法的高校还有很多，它们通过充分发挥大学生在内容生产上的主动性，获得提升互动性与体验感的双丰收，这也让高校官抖逐步成为学校与学生连心连线的路径拓殖①。

---

① 李勇图.高校官方抖音建设的现实审视与思考［J］.文化软实力，2020，5（03）：57-64.

第三节　困局：高校官方抖音建设面临的挑战

抖音已经成为继"两微一端"后高校宣传的重要新媒体阵地。从现阶段看，高校总体上在官方抖音阵地建设、提升组织力吸引力、发挥思想引领作用、增强互动性体验感等方面呈现出良好的态势，但其在实际运营过程中，媒体定位不清晰、内容质量不过关、融合发展不给力等方面仍然面临困境。

一、定位困境："严肃"还是"活泼"

上文提到，现阶段高校官方抖音的设定，兼具"严肃"和"活泼"两个属性，由于一些高校是抱着"摸石头过河"的心态来开办官抖，之初并无明确的内容定位，运营中也未对大学生抖音用户阅读兴趣进行调查研究，导致出现定位不清的情形。

一方面，官方抖音号经过高校有关部门注册认证，成为代表学校权威声音的窗口和平台，从属性上来说，是高校的官方媒体。作为"官媒"，官方抖音号理应由高校党委宣传部直接管理，以发布学校政策、各类权威信息为主，风格比较严肃、正式。基于这一属性，一些学校官抖缺乏对内容的挖掘，仍用行政思维创作抖音内容，从而变成了学校的新闻联播频道，难以激发学生的观看兴趣。另一方面，官方抖音号依托抖音短视频平台，这决定了其带有浓厚的自媒体属性。官方抖音号作为高校党委领导下的校园媒体，既具有信息传播、舆论引导的社会功能，又承担着思想引领、文化育人的特殊功能，这决定了其作品内容应以教育为主，在确保舆论导向的同时实现文化育人。但抖音本身的定位是"年轻人的音乐短视频社区"，娱乐性较强。如何在做好新闻宣传、确保文化育人和提供有趣作品之间找到平衡点，是当前高校官方抖音号运营过程中的一个难点。

二、受众困境："对内"还是"向外"

高校官方抖音一方面承担着对本校学生进行教育引导的任务，另一方面也是对外打造学校形象的窗口。高校官方抖音号面向的受众，到底是本校学生，是全国的青年大学生，还是普罗大众，是高校官方抖音在内容创作过程中面临的难题。

一方面，向外提升社会影响力遭遇"降维"打击。高校官抖建设团队体量小，往往是由一名老师代领团队完成，在运营建设中的人力物力资源远远小于社会力量，更缺乏类似于商业类抖音号极富创意的议题设置能力和有效的推广手段以及它们整合社会资源的稳定渠道。相对于社会媒体抖音号动辄几百万、几千万的粉丝量、播放量和点赞量，在市场力量的夹击下，高校单纯依靠有限的校内资源和传统自营性的投入与运作模式，其官抖的社会影响力将难以超越和有效提升，抢占大学生市场、提升社会影响力更是举步维艰。

另一方面，向内专注"校本化"遭遇流量"围堵"。大部分高校官抖的时效性、影响力整体上是比较滞后的。在信息海量、注意力稀缺的年代，酒香也怕巷子深。高校官抖若禁锢在传统校园媒体的运营模式中，停留在目前"校本化"样的短视频制作及议题设置水准，不再巩固自身优势的同时积极改善管理机制、谋求市场推广、提升综合服务能力，其终将会因市场力量和专业力量不足而导致的"声音比较小""说了传不开""传开叫不响"的问题，这也终将会导致无法实现对抖音上大学生的有效覆盖。即使"向内"发展也变成了小范围的圈地自萌。

三、融合困境："相加"还是"相乘"

一方面，内容同质化是高校校园媒体存在的普遍问题。相同的主题素材，各级媒体平台之间并没有很好地进行深耕细作、二次加工和创新创作，而只是简单地进行"物理捆绑"，将相同的内容从校报、校园广播延伸到微博、微信公众号、抖音号等新媒体，重复发送，如将校报上的采访稿、新闻稿，复制粘贴到微信上进行推送，在纸质校报上放上微信公众号的二维码，把学校电视台的视频直接放在抖音上进行推送。虽然校媒产品多了、人力物力投入大了，但传播效果并没有明显改观。千篇一律的内容和千人一面的校园新媒体，也让原本师生"真爱粉"变成了"僵尸粉"。

另一方面，高校校园媒体通常各自为政，隶属于不同的职能部门和科室管理，缺少有效的沟通和交流。学校校级层面的媒体和其他部门的媒体平台、校园官方媒体和学生自搭自建的媒体、校际媒体间缺少交流与合作，不能很好地共享新闻素材、人力技术资源和传播平台，致使难以产出精品。费尽心力策划产出精品时，却又不能很好地在优质平台和更广阔的校园平台进行传播，难以形成宣传工作合力。

但是，推进媒体融合并非易事，媒体融合真正需要的是媒体技术融合、人员队伍融合以及管理运行体制机制融合等深层次融合，形成综合实力的叠加"相乘"，需要高校从顶层设计上花大力气做出改革和探索，这也反映出部分高校对媒体融合的认识不够、理念缺失。

附件：大学生使用和认知抖音现状

视频内容统计平台"卡思数据"年度研究报告显示，截至 2019 年 2 月 28 日，抖音平台日活跃用户超过 2.5 亿，每天亿级流量的涌入保持了平台强大的生命力，其中，大学生群体成为黏性最高的"粉丝"，作为抖音的主要受众群体，大学生对抖音的使用体验和认知情况，对高校开展思想政治教育具有重要的意义。为此，本书编委以福建大学生对抖音的使用与认知情况为主要内容，面向福建省内 4 所教育部直属高校和 3 所福州市属高校发放问卷，累计有效问卷 2374 份。其中，参与调研的学生生源地遍布全国，专业背景涉及工学、经济学、管理学、理学、文学、教育学等。

1. 总体情况

调查中，在下载过抖音的大学生中，92.5%的大学生初次下载抖音的时间在2018年（含2018年）以前，其中，61.2%的大学生在2018年初次下载抖音，而这个数据到2019年仅为7.4%。2018年也被称为"短视频元年"，大学生用户数爆发性增长符合整体趋势，但在这之前，使用抖音的大学生比例也占到了31.2%，表明大学生对新鲜事物认知程度高、接受速度快、进场迅速。调查发现，34.6%的大学生使用抖音是被周围同学推荐，三分之一的人是被互联网抑或是论坛所推荐，以其他方式为渠道的人员比例为12%，圈层推荐和广告推荐为大学生了解抖音的主要渠道。这从一定程度上反映了短视频APP在大学生中普及程度广、使用频率较高，短视频已经融入许多学生的生活。

2. 用户画像

从此次调查的性别分布来看，女性用户数量更多，所占比例为74.52%；该数据可能与女生参与调查问卷的数量更多有关。学龄层次方面，男生中大一、大二学生偏好度高，占所有参与调查男生总数的67.4%；女生中大二、大三学生偏好度更好，占所有参与调查女生总数的77.2%。其中，大二女生的抖音使用率最高，达34.8%。

3. 使用习惯

从使用频率来看，在使用时间上呈波动分布，午晚间成为"打开高峰"。根据调查数据可以看出，大学生使用抖音最为频繁的时间段分别为12：00～14：00以及18：00～24：00，分别占到16.8%和46.6%。这两个时间为非上课时段，可以看出，一是大学生会任意时间段使用抖音，包括碎片时间和整块的休闲时间；二是大学生在课余时间的抖音使用频率较高；三是大部分学生在上课时间能够自律。

从使用时长来看，有27.59%的大学生每天平均一个小时的时间使用抖音，有 22.49% 的大学生每天使用短视频 APP 的平均时长是 2 个小时，还有 20.51% 的大学生使用时间在 2 小时以上。由此可见，大学生使用抖音时间较长，近四分之一大学生为重度用户（使用时长在 2 小时以上）。

从兴趣偏好来看，大学生观看内容比较多样和分散，演绎、生活、美食类视频更受大学生青睐。男生对游戏、电子偏好度较高，女生对美妆、穿搭偏好度较高。其中，超过 80% 的大学生经常观看搞笑类视频，另有超过半数大学生喜爱观看技能展示类和日常生活类视频。同时，在丰富多样的内容中，男女大学生的偏好表现出比较大的差异。男性更偏好颜值类内容，女生更喜爱美食和情感。大学生使用抖音主要占用了无聊闲暇时间、睡觉时间和其他娱乐时间。不同性别大学生上，女生更多把睡眠、社交、看剧的时间转移到了看短视频，男生则贡献了更多的看资讯和玩游戏时间。

4. 认知评价

对大学生而言，利弊并存是对待抖音的主流态度，占 51.14%，认为利大于弊的占 6.2%，弊大于利的占 18.8%；59.8% 的大学生认为抖音短视频内容低俗、无聊；女生更易受抖音内容的影响，并出现效仿视频内容的行为。

关于平台内容质量，26% 的大学生选择了"内容阳光向上正能量"的选项，更多的（43%）大学生认为平台内容积极向上的较多，但负面、不健康内容也有增长趋势。而 11% 的大学生对这样的内容并不认可，认为低俗。大学生普遍认为对抖音的关注热情会随着关注市场增长急剧下降。"浪费时间""内容无聊""不感兴趣"，成为很多大学生对抖音失去持续关注的原因。大学生普遍认为短视频可以丰富日常生活，刺激思维，激发创意，展示自我，这些都是积极的一面，但另一方面大学生也普遍认为过度观看短视频会浪费时间和精力，视频内容可能会让受众形成盲目跟风的不良风气。由此可见，大学生作为受教育程度较高的群体，对精神文化生活的需求水平也较高，对待抖音这类"精神快消品"的认知态度总体保持理智，碎片化的泛娱乐内容对他们的持续吸引力较为有限。

第四节　出路：思政赋能全新战略

短视频以其自由、轻松、娱乐、时尚和创意为主色调，装扮和丰富着当代文化的形式与内容，并迅速占领市场，成为时代耀眼的符码，也为大学生思想政治教育提供新的良性契机。

一、爱屋及乌——维持用户黏性

1. 利用网络互动，产生情感共鸣

根据互动仪式链理论，网络互动仪式包含四个基本要素：身体在场、对外设限的圈内关注、共同的关注焦点和情感体验。抖音在音乐短视频领域成功践行了这一理论，构建了独特的题材挖掘与传播机制。首先，通过场景直播营造"身体在场"情景。构建这一机制绝不止于获得受众，其实质是"基于日常生活以空间面向为主导的多元实践"，旨在让用户集结成相对稳固的虚拟社群。其次，借助素人创作制造持续的关注焦点。一方面，抖音强调低门槛和草根化，内容以生活记录、才艺展示、个人创意等为主；另一方面，抖音不但响应了受众的碎片化、娱乐化需求，还通过点赞、评论、关注等规则满足他们对塑造个性形象、构建人际关系、管理个人情绪等特定需求。最后，利用互动仪式引发群体性情绪共鸣。虚拟社群成员通过领袖塑造、暗示、分享等行为建构价值共享仪式，使群体空间始终保持吸引力、向心力和凝聚力，并在互动中产生高情感能量。①

2. 占领抖音平台，强化思想引领

高校贴近学生爱好，积极打造青年群体青睐的网络思想政治教育新方式，占领网络思想政治教育平台。当一个新鲜事物成为潮流的时候，我们不能一味地否定和禁止，而是要顺势引导。工具和渠道本无好坏，只是使用它的方式决定了它的影响。目前已有几百个高校纷纷结合大学生生活实际，在抖音上发布学生学习、活动、生活等短视频，利用15秒的短视频引导学生的大学生活，潜移默化注入思想政治教育的内容；一些积极传播正能量的视频，使越来越多传播社会主义核心价值观的内容开始在短视频平台上流行。2014年5月4日，习近平总书记在北京大学师生座谈会上说："青年的价值取向决定了未来整个社会的价值取向，而青年又处在价值观形成和确立的时期，抓好这一时期的价值观养成十分重要。"青年群体是思想政治教育的主要对象，而青年群体不仅是短视频的主要受体，更是创造主体，因此需要对其进行深入研究和教育引导。②

3. 分析学生动向，掌握学生思想动态

在抖音上做好大学生的思想引领，必须深入抖音短视频的网络应用中，及时掌握青年"点击什么、点赞什么、热议什么"等动向，在教育过程中以"青年的反映如何、评价如何"为坐标调控教育活动，进一步加强对网络新平台的研究、加速教育内容的"微"转化、加快短视频正能量阵地建设。此外，抖音短视频使青年成为主要的内容发布和创造主体，更加凸显了网络思想政治教育的主体间性。因此，教育者应在分析、引导、迎合青年的喜好和需求基础上，进一步鼓励激发青年的

---

① 杨琼，施威. 抖音内容生产机制及弊端［J］. 青年记者，2018（26）：105 – 106.

② 高宇，胡树祥. 微视频 APP：网络思想政治教育的新场域——基于"快手正能量"的大数据分析与思考［J］. 思想教育研究，2017（12）：100 – 105.

正能量创造潜力。①

二、新鲜好玩——激发青年活力

抖音短视频满足大学生的定位需要，新鲜好玩。"年轻人的音乐短视频社区"是抖音一开始的定位。据统计，抖音短视频的用户年龄85%在24岁以下，且主要为一、二线城市人群。抖音短视频主要是打造这一群体喜欢的流行文化，其主力达人和用户基本上都是1995年后出生的，其中很大一部分是大学生。大学生乐于接受新事物、新思想、新文化，这些正符合抖音短视频的目标客户特征。② 因此，要充分运用抖音短视频自身的特征，打造青年更喜闻乐见的思想政治教育的方式。

1. 因事而化

改变思政教育方式，填补空白场域。新时期的年轻人对新鲜事物充满了探知欲，他们热衷于追求潮流，思想政治教育工作者要积极了解大学生喜欢的新鲜事物，用新形式和新面孔讲好党的故事，为社会主义建设培育合格的接班人。努力让精短、生动、直观的正能量抖音短视频覆盖青年碎片化的时间，填补网络思想政治教育的空白场域。传统的思想政治教育活动总是由固定的主客体在固定的时间和场域中进行，往往需要整段、大块时间，教育活动难以频繁持久开展。而现实生活中，人们常常存在大量的碎片化时间，却未引起思想政治教育者足够的重视，成为思想政治教育的空白。网络思想政治教育既要鼓励有条件、有能力的主流媒体和教育者创作内容形式俱佳的抖音短视频精品，也要鼓励大量小微机构和网民积极创作生动鲜活、喜闻乐见的抖音短视频热品，让精短、生动、直观的正能量抖音短视频发挥育人功能。

---

① 高宇，胡树祥．微视频APP：网络思想政治教育的新场域——基于"快手正能量"的大数据分析与思考［J］．思想教育研究，2017（12）：100－105.
② 龚小妹，杭霞丽，沈晓娇．浅谈抖音短视频对大学生的影响［J］．大庆社会科学，2018（05）：132－133.

2. 因时而进

大学生思想政治教育的革新不是单方面的，它更是教育观念、手段的改变，其中对于新出现的载体和媒介的应用显得尤为突出，需要在教育过程中有一个恰当的适应于时代发展，并具有自我发展空间的教育载体或者媒介。抖音短视频作为新兴的大众传播载体，其独特的信息传播的实时性、互动交流的立体性、内容的多样性、体验的真实性以及传播方式的多样性特点，使其成为大学生思想政治教育载体的条件，同时因为深受年轻人特别是大学生的欢迎，俨然成为当前比较受大学生欢迎的社交、娱乐方式，并且这种趋势越发明显。在短视频兴起的时代，为了能够使教育工作顺应时代潮流，更加贴近学生，贴近生活，做到因材施教，因人施教，从而进一步丰富思想政治教育的内涵，我们需要直面短视频这一新载体，将短视频应用于大学生思想政治教育中来，使其成为大学生思想政治教育传播的载体，增强思想政治教育的吸引力和感染力。①

3. 因势而新

抖音具备有声音、有图像、传播速度快等特点，可以将所要表达的内容拍摄成 15 秒的音乐短视频，比传统的思想政治教育宣讲形式更容易被学生所接受；而且抖音平台上接地气的情节、新潮的拍摄手法、炫酷的技术能够将思想政治教育者可亲可爱的一面展现出来，从而拉近与青年学生的心理距离。习近平总书记在 2016 年的全国高校思想政治工作会议上强调："高校思想政治工作关系高校培养什么样的人、如何培养人以及为谁培养人这个根本问题。要坚持把立德树人作为中心环节，把思想政治工作贯穿教育教学全过程，实现全程育人、全方位育人，努

---

① 任俊玲. 网络直播对大学生思想政治教育的影响及对策研究［D］. 重庆：重庆师范大学，2018.

力开创我国高等教育事业发展新局面。"① 抖音短视频自身可以作为载体运用的特点及在大学生群体当中应用的程度，给大学生思想政治教育带来了较好的契机，大学生思想政治教育要想实现其效果，就必须紧跟时代步伐，拓展大学生思想政治教育理念和方法。同时，抖音短视频如要想要取得一个良性发展，保持生命力旺盛，需要和大学生思想政治教育相结合。以微博、微信等现有比较成熟的网络载体为例，越来越多的思想政治教育工作者运用这些网络载体开展大学生思想政治教育工作，在更新了大学生思想政治教育方式，提升了大学生思想政治教育效果的同时，也促使这些网络载体得到了进一步的发展，使其作为载体的效果和积极作用越发突出。

三、思想引领——扩大思政影响

一是要加强抖音短视频内容传播的思想性。从抖音短视频的内容价值上看，短视频 APP 的内容价值主要体现在视频的思想性和创造性上。从这一立足点上看，用户在创造视频内容的同时，就要在其中融入一定的思想。综观抖音视频 APP 的具体案例，其中主要充斥着大量的美食秀、身材秀、美女帅哥的自拍、猎奇的社会新闻等。在这些视频之中，具有真正价值意义的视频并不多，反而是一些娱乐性、消遣性的视频充斥了屏幕。由此可见，要想增进新媒体时代短视频 APP 的发展，其首要任务就是要加强抖音短视频传播的思想性，从不同的渠道上入手，在视频中融入众多有思想、有文化、有价值的知识，增强网络育人实效。

二是要强化多元、多样的网络思想政治教育内容大综合。第一，主流意识形态和文化须坚持"内容自信"。数据证明，来自主流媒体制作的精品力作能够得到青年的积极响应和好评，充分说明多数青年网民并

---

① 习近平出席全国高校思想政治工作会议并发表重要讲话［EB/OL］. 人民网，2016 - 12 - 08.

不排斥宏大叙事、"伟光正"的主流宣传，反而迫切需要满足诸如爱国情怀、民族自信等正能量需求，这既是对抖音短视频正能量阵地的充分肯定，同时也对网络思想政治教育理念范式和实践创新提出了更高要求。第二，推动大聚合形成大合力。专业生产内容（PGC）和用户原创内容（UGC）制作风格往往迥异，传播路径也"泾渭分明"，而微视频APP为二者的结合提供了平台。一方面，使主流媒体的PGC内容能够影响到过去难以触及的群体；另一方面，使部分网民的UGC内容朝着专业化方向转化，且愈益影响到主流媒体的内容制作。实践表明，主流媒体、平台企业、网民个体之间正在以抖音短视频为纽带，逐渐形成制作、传播、共享思想政治教育的良性互动局面；抖音短视频汇聚的多样化教育内容，正在发挥广泛持久的感召力和影响力。因此，今后各方应该借助抖音短视频汇集天下思想政治教育内容、聚合天下思想政治教育队伍，从而最大限度地聚合"思想政治教育合力"，进而共同讲好青年思想政治教育课程，传递好思想政治教育内容。第三，抖音短视频思想政治教育"内容为王"建设任重道远。"抖音思想政治教育"当前主要扮演"搬运工"角色，原创作品少，吸引力不足，各项平均数都远低于总体。因此，应充分发挥自身平台优势加强原创生产，真正建立平台特色，充实思想政治教育内容。

第三章

找准定位：锚定思想引领"人设"

2016 年，习近平总书记在全国高校思想政治工作会议上发表重要讲话强调："做好高校学生思想政治工作，要因事而化、因时而进、因势而新。"① 互联网的飞速发展，使得信息的获取更加快速、便捷，学生们有更多的自主权，可以有选择地接收信息、接受教育。这就要求信息制作者在制作信息时，不仅内容上要吸引人，而且在网络信息的表现形式上，要图文并茂，可以留言互动，最好是具有感染力的音频或视频。这也对网络思政平台的运营者即思政工作队伍提出了更高的要求，要运用好新媒体、新技术，创新工作内容和形式，增强时代感和感召力。② 短视频活泼、形象化，更易接受、更具象，深得年轻人喜爱，高校要重视其地位，找准定位对青年学生进行思想政治教育。

第一节　每个 IP 都是一个阵地

在互联网迅速发展的趋势下，抖音短视频迅速成为继快手、秒拍、

---

① 习近平出席全国高校思想政治工作会议并发表重要讲话 [EB/OL]．人民网，2016 - 12 -08.
② 武璇，刘立山，郭艳余，等．"95 后"大学生网络思想政治教育阵地建设研究 [J]．科技风，2018（23）：77.

西瓜视频、火山小视频等软件之后的网络社交平台。抖音短视频以"记录美好生活"为口号，依托先进的互联网技术，着眼于当代青年的精神需求，迅速成为当代青年娱乐、社交、生活的重要组成部分。① 越来越多的高校入驻抖音等短视频平台，北京师范大学新闻传播学院教授张洪忠认为，抖音等平台集聚了数量众多的年青一代，受众在哪里，宣传报道的触角就要伸向哪里，宣传思想工作的着力点和落脚点就要放在哪里。② 抖音短视频的每个 IP，既是信息的接收者又是信息的传播者，每一个 IP 都是传播思想的阵地；抖音短视频作为网络传播的平台，高校思想政治教育不去占领阵地，开展网络思想政治教育，就会被别人占领；高校思政不去主导，就会被别人掌控。因此，高校思想政治教育应借力新技术、跟上新态势；将短视频平台作为思想政治教育传播"新阵地"，以永远在线的姿态和"有趣"的形象"引关圈粉"，收获青年学生更广泛的喜爱度和认同度。③

一、人设特征——贴近青年、激发共鸣

一方面，什么是人设。在 IP 孵化过程中的"人设"，即"人物设定"，指人物展现给观众的形象，包括了这个 IP 的外在形象特征以及内在性格特征。简言之，就是当人们看到或听到 IP 的名字时，在头脑中出现的画面、感知和期待的联想集合体。抖音网红 IP 的"人设"是抖音红人通过大众媒介渠道，长期宣传、营造并传达给公众的整体形象。④ 例如，@中国人民公安大学 官方抖音号，立马联想到身穿警服的

---

① 范成龙，李冉冉. 青年"抖音"现象的文化逻辑及其行为引导 [J]. 河北青年管理干部学院学报，2018，30（05）：21-26.
② 赵秀红. 你的校园"抖"了吗？[EB/OL]. 中国教育新闻网，2018-10-30.
③ 网警集体入驻抖音：让短视频平台成政务传播"新阵地" [EB/OL]. 微信公众号"清博大数据"，2018-09-17.
④ 鲍泰良. 人设定位，人设"三问"原则 [EB/OL]. 微信公众号"巨石课堂"，2018-05-24.

帅气大学生；听到复旦大学杨果老师，会联想到她用知性诙谐的语言解读哲学思想的独到；听到董卿的《朗读者》，会想到其腹有诗书气自华的优雅气质，以及那些直击心房的心灵鸡汤。这些对于他们个人是存在感，而对于商业化来说，它最好的解释是人设。

另一方面，如何打造人设。于高校思想政治教育工作者而言，塑造人设的目标是吸引用户的注意力，一个好的人设，能够让 IP 快速具有辨识力和标志性。打造爆款人设需做到"三问原则"："我是谁""我是干什么的""凭什么让别人喜欢我"。"三问原则"完成的是选人、选类目、选赛道的三个步骤。

一问：我是谁？这一问是用来明确 IP 人设是否清晰，是否为一个可培养的 IP 人选。通过这一问，可以完成"选人"这一步骤。通常要考虑以下四个方面：一是优势，对学校的目标定位、办学条件、特色专业等进行全面的优势分析；二是劣势，如学校发展过程中存在的问题、建设抖音可能遇到的困难，学校自有的新媒体平台建设基础等进行全面的劣势分析；三是风险分析，对开通抖音账号后可能带来的显性风险、隐性风险等进行全面分析；四是辨识度分析，对高校官抖的设定、特色、亮点等在抖音和其他视频平台的辨识度进行全面分析。

二问：我是干什么的？这一问主要搞清楚受众群体是谁，以此完成选类目这个步骤。比如，是想吸引热爱美食的受众，喜欢看搞笑内容的受众，想学什么小知识的受众，喜欢动物的受众，还是想吸引喜欢看唱歌跳舞的受众？等等。确定一个类目，就是确定一个垂直的细分领域。在这个领域当中去做内容来吸引精确的定位受众，这样在观众想要看这个垂直领域的博主和产品的时候，就会第一时间想到你。[①] 以抖音账号"中国人民公安大学"为例，其账号选择是公安类学生。所以它推出的

---

① 鲍泰良. 人设定位, 人设"三问"原则 [EB/OL] . 微信公众号"巨石课堂",
2018 – 05 – 24.

都是反映公安学校严格警务化管理体系方面的内容，当用户一想到公安类学生生活时，就会联想到它。

三问：凭什么让别人喜欢我？这一问是要明确 IP 性格是否鲜明，以此完成选择赛道的步骤。对于超级 IP 来说，"真正的垄断"就是来源于 IP 的独特性，只有找到独特的人设，才能激发潜能，展现独特的价值。① 以政务类的"四平警事"为例。政务类抖音短视频有很多，有宣传正能量的，有宣传警容警帽的，还有政旅结合促进地区特色景区宣传的，等等。如何旗帜鲜明地把四平警事和其他的政务号区别开呢？"四平警事"决定把"警事"突出，通过分享办案过程中的小事情，来记录四平的警事；另外还设定每周十个"谣言"栏目，凸显自己的设定，保障一方太平。

思想政治教育类抖音账号应贴近青年学生，塑造共鸣人设。想要打造思政类超级 IP，就要打造人的独特性。包括 IP 的形象、穿着、头发、眼神、手势、行为，都要向世界表达他的独特性。如何能够通过人设的独特性迅速赢得用户喜爱，形成深刻的人设印象呢？可通过塑造学生喜欢的人设去塑造思政老师。如内蒙古农业大学职业技术学院的贺斐老师，通过在思政课堂上唱歌让学生爱上思政课，她在课堂上与学生共唱《我和我的祖国》把音乐带入思政，寓教于乐的方式广受学生欢迎。

二、确认眼神——坚守底线专注引领

毋庸置疑，抖音为人们的生活带来了一定的满足感，提高了自信心。然而，在抖音快速崛起的同时，炒作、拜金、侮辱先烈等一系列问题也不断出现，部分低俗的视频严重影响正确价值观的传递。对于新兴事物，在发展过程中，加强监管，严把关，严审核，才能健康、长远地

---

① 鲍泰良. 人设定位，人设"三问"原则［EB/OL］. 微信公众号"巨石课堂"，2018－05－24.

发展。抖音平台更应承担起一定的社会责任，完善审核机制，推送传递正能量的视频。除了娱乐、搞笑、秀"颜值"、秀舞技，应该让传播社会主义核心价值观的内容在短视频平台上流行起来，"抖"出正确的价值观。① 因此，抖音平台作为互联网传播的重要阵地，IP 用户需坚守安全、道德与法律底线。

1. 坚决遵从主流价值观

主流价值观是主流意识社会的思想形态，是人们对当时社会反映的一种带有取向价值观的认同。高校应通过校园抖音号运营，将先进的、积极的主流文化传递给学生奠定主流旋律，将优秀的人生观、世界观、价值观的"种子"植入学生心中。如 2019 年 4 月 2 日，为庆祝中华人民共和国成立 70 周年，山东省教育厅联合山东大学等 18 所高校，向全省高校发起倡议，共同开展"青春，为祖国歌唱"网络拉歌接力赛活动，在抖音中建立"高校拉歌"话题。山东共 145 所高校参与其中，全国高校纷纷响应，用歌声传达对祖国的祝福。各高校更是将爱国主义教育融入该活动中，通过《歌唱祖国》《五星红旗迎风飘扬》《我的祖国》等歌曲表达对祖国的热爱之情，中国人民公安大学的一首《我的祖国》更是创下了 14.1 万的点赞量。高校以这种学生乐于接受并善于接受的方式实施爱国主义教育，使学生能够及时接收到学校弘扬的主流思想；减少枯燥乏味的一味说教，通过运用短视频时代所主张的方式，使学生在日常生活中能够随时随地地接受思想政治教育；② 进一步增强高校优秀文化的传播，以及学生对校园文化的信服力。

2. 坚决传播正能量

"正能量"指的是一种健康乐观、积极向上的动力和情感，是社会

---

① 严守"抖音"底线 "抖"出正确价值观 [EB/OL]. 百度文库，2018 - 07 - 30.
② 洪妮. 信息化时代高校社会主义核心价值观教育新样态透析 [J]. 求知导刊，2018（01）：96.

生活中积极向上的行为。① 新媒体逐步取代传统媒体影响着人们的生活方式，95 后大学生是新媒体的主要用户群之一，引导大学生利用新媒体传播正能量是高校工作的重中之重。② 抖音短视频用户以 24 岁以下为主，其占总用户的 75.5%，且以一、二线城市为主。③ 由此可见，大学生在其中占很大分量。高校应利用多种平台、多种形式，把正能量转化为符合 90 后大学生思维方式和观察视角的、易于接受的"小道理"，通过大学生喜欢、易于接受的路径载体传播给大学生，占领高校舆论阵地，形成正确的舆论导向。④ 抖音负责人曾提道：成长计划将帮助政府、媒体与有专业短视频生产能力的机构对接，通过培训教学、制作内容等方式，提升政府媒体在抖音上的内容生产能力，弘扬主旋律、传播正能量，为广大网民特别是青少年营造一个积极健康、营养丰富、正能量充沛的网络视频空间。⑤ 抖音在站内发起了不少正能量活动，其发起主体有高校、媒体、政府、民众等。如 2018 年 4 月 25 日，国家国防科技工业局独家入驻抖音，发起"新时代，我的航天梦"主题挑战。2018 年 4 月到 5 月，共青团中央联合抖音发起"少年中国""世界读书日""劳动节"等众多正能量挑战，广受用户欢迎。"新时代，我的航天梦"和"少年中国"都吸引了大批青年参与，其中"少年中国"以少年强的手势舞、少年梦等内容汇聚一大批用户参与，更是获取了11.1 亿的播放量。除了发起正能量活动，也在积极建设价值观正确的

① 刘春年，刘宇庆. 网络论坛正能量信息传播探析——基于意见领袖的引导作用视角 [J]. 现代情报，2017，37（04）：27–32.
② 雷鸣. "90 后"大学生利用新媒体传播正能量路径探析 [J]. 新闻爱好者，2017（07）：88–91.
③ 企鹅智库. 快手＆抖音用户研究报告 [R/OL]. 微信公众号"企鹅智库"，2018–04–10.
④ 雷鸣. "90 后"大学生利用新媒体传播正能量路径探析 [J]. 新闻爱好者，2017（07）：88–91.
⑤ 抖音推出"政务媒体号成长计划"打造正能量传播爆款 [EB/OL]. 新华网客户端，2018–08–31.

互联网社区。2018 年 5 月 4 日，抖音短视频、头条指数在共青团中央宣传部的指导下，发布了新时代青年趋势的五大关键词：正直向上、赤子至善、美美与共、知物由学、乐看山河。高校也积极参与传播正能量，让青年树立起积极、乐观、向上的心态，拥抱大学生活。

3. 坚决塑造主流审美观

抖音中的被异化的"美"有两种：千篇一律的"网红"美与刻意丑化的"审丑"美。苏珊·桑塔格提道：拥有靓丽光鲜外表的选手往往更容易得到观众的审美移情，女性角色尤其如此。① 一方面，抖音运用美颜、滤镜的功能包装出一个个精致靓丽的外表，随处可见大眼睛、锥子脸、高鼻梁的姣好面容，导致大学生争相模仿。另一方面，在抖音有许多用户为了获取流量、博人眼球，不惜以"扮丑"的方式走红，颠覆了传统审美观、违背传统"美学"教育，容易导致大学生形成"美丑不分""以丑为美"的错误审美观。英国伦理学家摩尔说过，"个人情感和审美享受包括了到目前为止我们能够想象到的所有最伟大的善，这是真理"。② 既然情感和审美涵容着人内心的真实恳切和善性愿景，那么"立德树人"作为高校教育的最大前提，也需要果断打破传统意义上对于树人的静态认知，建立"全面发展"意义上的树人动态认识，引导大学生塑造健康、积极的主流审美观，培育大学生"美的个性"，塑造美的人格，实现人的全面发展。通过审美教育，让大学生在审美活动中体验自由个性的内在丰富性，在审美体验中实现感性与理性的统一，从而为自己确立完满的人格理想，进而在实践中追求自我的自由全面发展。③ 如福建师范大学辅导员 @小天老师 发布的一条关于郑

① 杨建. 奇观视野下真人秀的消费主义解读 [J]. 传媒观察，2016（03）：22 – 24.
② ［英］G. E. 摩尔. 伦理学原理 [M]. 陈德中，译. 北京：商务印书馆，2018：214.
③ 庞桂甲，梅雪. 现代思想政治教育的审美性建构 [J]. 山西高等学校社会科学学报，2018，30（12）：80 – 85.

儒永院士的视频，配文"真正的女神，郑儒永院士，将毕生积蓄150万元捐献给国科大教育基金会。着实美得不可方物"。获得360万播放量，27.3万点赞量。网友评论"真是饱读诗书气自华""郑老师美丽、实在、大爱"。

4. 坚决反对内容过度娱乐化

美国传媒文化研究者尼尔·波兹曼在其名著《娱乐至死》中警告人们：电视的出现使得一切公众话语都日渐以娱乐的方式呈现，并成为一种文化精神。[①] 我们的政治、宗教、新闻、体育、教育和商业都心甘情愿地成为娱乐的附庸，毫无怨言，甚至无声无息，其结果是我们成了一个娱乐至死的物种。他的观点本是针对电视而言，但在短视频时代，这种观点得到更加鲜明的印证。[②] 极光大数据发布的《春节期间热点APP数据观察》显示，2019年，春节当日，抖音的日活跃用户数量达到了3496万，增长率为7.47%。[③] 同时，抖音上充斥的"爆款菜单"中，娱乐化信息占多数。高校抖音账号应牢牢记住社会责任，不要为了追求流量和爆款迷失了方向；要处理好迎合与引领的关系，要引领社会主义核心价值观导向，成风化人，而不是盲目迎合青年娱乐化口味。如2018年6月6日，抖音的搜索引擎广告推广中借"邱少云，被火烧的笑话"进行推广就是错误的方式。[④] 本来抖音投放广告是一种正常的商业行为，但拿革命英烈邱少云来作为宣传噱头，一味地追求爆点，迎合娱乐化的趋势，对英雄不尊敬，这引来了人民的反感。这严重地踩到了人们道德的底线。6日下午，今日头条对此表示，就搜索引擎广告投放

① 袁磊. 从热点话题探析新媒体时代的娱乐至死现象 [J]. 新闻研究导刊, 2016, 7 (23): 88.
② 孙怡. 当代中国新闻娱乐化浅析 [J]. 商情, 2010 (11): 103.
③ 极光大数据. 春节期间热点 APP 数据观察 [EB/OL]. 微信公众号"极光 JIGUANG", 2018 - 03 - 08.
④ 靖鸣, 朱彬彬. 我国短视频内容生产存在的问题及其对策 [J]. 新闻爱好者, 2018 (11): 19 - 24.

中出现对英烈不敬的内容，向公众和英烈遗属诚挚致歉。随后，人民日报针对抖音侮辱英烈邱少云事件，也发表了看法：不是一道歉就风轻云淡。抖音出现这种错误，简直让人发抖，屡犯屡改，道歉显得太廉价了。① 6月30日，国家网信办指导北京市网信办会同北京市工商依法联合约谈抖音、搜狗、北京多彩互动广告有限公司、北京爱普新媒体科技有限公司、霍尔果斯宝盛广告有限公司，针对抖音在搜狗搜索引擎投放的广告中出现侮辱英烈内容的问题，要求五家公司自约谈之日起启动广告业务专项整改。② 在网络媒介导致的公共话语内容和文化的"泛娱乐化"潮流中，"泛娱乐化"社会倾向满足了人性的一些需求，抖音短视频难免沦为"泛娱乐化"的工具，但也要理性地检讨反思，以免出现哗众取宠、过度娱乐化的现象。

三、立足优势——塑造高校抖音记忆标签

2018年，抖音成为政务和媒体信息传播的新平台，这些政务和媒体官方抖音号，结合自身特点，挖掘社会热点，为抖音短视频注入新的视角与观点，也让正能量在抖音平台成为一股清流。在政务与媒体在抖音平台传播正能量获得良好成效后，抖音随之开展"百校官抖"计划，吸引大量高校入驻抖音平台，如清华大学、北京大学、中国人民公安大学与西南交通大学等，充分运用高校特殊的主体，抖出高校青春正能量，创作出许多令人追捧的爆款。因此，高校要立足优势精准定位，打造"校本化"的抖音记忆标签。

1. 提高站位，坚持正确的政治方向

保持坚定的政治立场及有效的辩证思维方法。用习近平新时代中国

---

① 抖音侮辱邱少云被火烧是笑话，人民日报痛批：抖音已违法［EB/OL］. 微信公众号"苏州普法"，2018-06-10.
② 罗风琼. 短视频：新闻业发展的新阵地［J］. 新闻研究导刊，2018，9（21）：147.

特色社会主义思想武装头脑和指导实践，在抖音上积极培育和践行社会主义核心价值观，弘扬中华优秀传统文化、大力开展中国特色社会主义文化教育。积极践行社会主义核心价值观，将其打造成学生思想政治教育的特色工作平台。

2. 整合媒介资源，坚持差异化

针对高校已有的校报、新闻网、微博、微信等载体，"抢滩"抖音平台可能出现"新瓶装旧酒"内容同质化趋势，应注重抖音与其他媒介平台的差异化运作，结合抖音平台优势找准思想政治教育传播点，起到取长补短、如虎添翼的效果。

3. 立足本校校情，坚持突出特色

据教育部数据统计，截至 2019 年 6 月 15 日，我国高等学校共有 2956 所。据抖音官方数据发布，已有 1000 余所高校入驻抖音，其中教育部直属重点高校有超 700 所高校开通了官方抖音号。在对比众多高校官方抖音号后发现，部分运营较好、流量较多的高校抖音号有一个共同特点，都立足本校校情，充分挖掘本校特色，找到适合切入点，如公安类院校的警校特色、艺术类院校的艺术表达、理工类院校的实验科普等，以特色鲜明、生动活泼的内容潜移默化地影响大学生的思想及行为，提升思想政治教育效果。如在 2020 年 2 月推出的"防疫抗疫主题创作"活动中，用一幅幅致敬医护人员精美画作拍摄成抖音短视频，宣传抗疫精神，引导大学生正确抗击疫情，感恩逆行者的奉献。

四、精准表达——挖掘话语转化切入点

随着新媒体的迭代更替，思想政治教育工作者不仅要提供优质内容，还要考虑内容发表的平台以及呈现形式。抖音短视频的时长从 15 秒到 5 分钟不等，其内容呈现"短小精湛"的特点，追求一击而中的效果。显然，这相比冗长的长视频更具吸引力，通过一个个"短平快"

的视频不断刺激大学生，使得大学生在不间断的新鲜感中获得快感与精神的愉悦。思想政治教育工作者要成为抖音"思政教师网红"应主动适应媒体环境的变化，积极融入抖音短视频，掌握抖音短视频"短小精湛"内容表达形式，并创作出大学生喜爱的大学生思想政治教育作品。

抖音短视频"短平快"是其内容魅力所在，思想政治教育者要抓住抖音内容"短小精湛"的特点，来吸引大学生眼球。以往说教式的大学生思想政治教育，通常以大篇幅的文字以及语言进行说明，而在抖音开展大学生思想政治教育必须充分考虑时长，要在极短的几十秒或者几分钟传递思想，必须使内容"精而再精，简而再简"，其展现出来的必须是思想政治教育内容精华。这要求思想政治教育者提供内容要简明扼要，在最短时间内将一个思想、观点、道理清晰明了地传达给大学生，可通过"金句"解读、故事分享、名师点评等简短的语言将"大道理"变成"微语言"，将"大理念"转化为"小故事"，使思想政治教育内容在瞬时之间深入大学生脑海。如复旦大学"思政网红教师"陈果老师的金句在抖音短视频上深受学生喜爱，在讲解"自由而无用的灵魂"时用"道德无用论、友情无用论"启发学生不要把"用处"当作价值观的第一位，将晦涩难懂的大道理转化为妙趣横生的微语言。思想政治教育者须将长篇大论的思想政治教育理论，通过对内容的提炼、精简制作成抖音思想政治教育"微课程"，加强对大学生正向价值的思想引导，让有思想、有温度、有深度、有价值的内容在抖音短视频中遍地开花。

第二节　让思想引领的话语"活"起来

习近平总书记指出：做好高校思想政治工作，要因事而化、因时而进、因势而新。① 可视化的短视频作为新兴的信息传播平台，其作为教育载体的功能越来越受到关注。在继"官微""官博"之后，"官抖"成为新宠，各高校、媒体、政府部门等纷纷入驻抖音。随着"百校官抖"计划的推进，已有1000余所高校开设官方抖音号，这为抖音成为大学生思想政治教育新阵地提供了契机。大学生思想政治教育借助抖音接地气与平民化的内容供给、短平快与瞬时刺激的表达方式、音景相称与情境交融的呈现形式等优势，优化大学生思想政治教育内容与形式，提高大学生思想政治教育的吸引力，为大学生思想政治教育带来深远影响。

一、接地气与平民化的内容供给

习近平总书记指出："要提升思想政治教育亲和力和针对性，满足学生成长发展需求和期待。"② 思想政治教育亲和力的提升不仅是思想政治教育客体对教育主体与思想政治教育方法的认可程度，更是教育客体思想政治教育内容的接受程度。大学生思想政治教育内容来源一般以官方权威发布的文件、教材、著作、文章为主，具有较强的理论性与学术性，严谨性的文字和严肃性的语言易导致枯燥、乏味，对大学生的吸引力不足。

抖音为大众提供一个"人人皆可发声"的氛围，弱化了意见领袖的主导性，让更多普通人的作品走进大众视野。这使得抖音短视频内容体现平民化、接地气的特点，内容囊括生活百态，贴近生活、贴近实际，既生动又鲜活。思想政治教育者充分抓住抖音"平民化、大众化"的特点，贴近学生生活，提供多样化内容满足大学生需求。如在"让

---

① 习近平在全国高校思想政治工作会议上的讲话［N］.人民日报，2016 - 12 - 09（01）.

② 习近平在全国高校思想政治工作会议上的讲话［N］.人民日报，2016 - 12 - 09（01）.

青春抖起来""你的奋斗终将伟大""高考加油"等抖音话题中,许多高校都积极参与其中,展现大学生奋斗、拼搏的生活,既有图书馆中认真学习的画面,也有田径场中坚持不懈的画面,还有辩论赛上激战群雄的画面,每一帧都那么平凡、真实、接地气,每一帧又都那么充满吸引力,大学生在这种氛围中被感染与熏陶。抖音将大学生思想政治教育内容充分融入大学生的生活中,用接地气的内容表达,有效地将教育性与娱乐性相结合,提高大学生思想政治教育亲和力。

二、短平快与瞬时刺激的表达方式

抖音"短、平、快"的内容呈现,以及追求一击而中的强刺激,就是为了能在短时间内吸引用户注意力。

一是时间短,增强大学生思想政治教育注意力。抖音短视频的时长在 15 秒到 5 分钟之间,大多数爆款抖音短视频时长都控制在 30 秒以内,让用户在还没有反应过来的情况下就将内容表达清楚,有利于用户在短时间内获取大量信息。思想政治教育者利用这一特征,在极短的时间内将一个观点、一个理论,或者是一个思想传递给大学生,这比大学生看完长长一段文章才恍然大悟来得更为直接。"短平快"的表达方式不仅可以节省用户的时间成本,也能提高用户碎片化时间的利用。利用抖音短视频"短平快"的表达特点,有利于大学生思想政治教育渗透到大学生活中。大学生随时随地都可接受到思想政治教育,在食堂用餐时、在等公交时、在课间休息时等,让大学生思想政治教育填充大学生碎片化时间。

二是强烈的视觉冲击,增强大学生思想政治教育吸引力。抖音短视频注重一击而中的效果,通过强烈的视觉与听觉的刺激,在短时间内吸引用户注意力。抖音短视频"视觉冲击力"非常大,能在瞬时之间调动用户大脑的兴奋度与活跃性。以往思想政治教育者以"口传心授"的方式传递思想政治教育内容,大学生通常处于被动接受状态,缺乏课程参与积极性，易致使思想政治教育课堂演变为教育者的独角戏，难以引起大学生吸引力。利用抖音短视频强刺激的特点，有利于激发大学生对思想政治教育内容的兴趣。思想政治教育者可将有教育意义的故事、时事热点、学术观点等信息制作成短视频，用可视化、强刺激的抖音短视频表达，吸引大学生注意力，提高大学生思想政治教育吸引力。思想政治教育者将枯燥的语言或者文字表达转变为生动有趣的视频形式，以视觉化的刺激呈现大学生思想政治教育内容，提高了大学生思想政治教育的吸引力与接受度。

三、音景相称与情境交融的呈现形式

习近平总书记指出："思想政治工作从根本上说是做人的工作，必须围绕学生、关照学生、服务学生，不断提高学生思想水平、政治觉悟、道德品质、文化素养，让学生成为德才兼备、全面发展的人才。"[1]思想政治教育者要结合学生实际需求，选择大学生喜闻乐见的方式进行思想政治教育，才能最大限度发挥思想政治教育实效。抖音短视频以音乐作为切入点，音景相称与情境交融的呈现形式，正中大学生表达需求，符合大学生个性化特点。思想政治教育者以学生为主体，根据大学生喜好选择合适的思想政治教育方式，积极运用抖音短视频音景结合的呈现形式。

一是音景相称。"音乐"是抖音短视频火爆的重要武器，音乐能给平淡的短视频增添记忆点，音乐的感染力更是抖音上瘾的重要原因。思想政治教育者根据不同的内容主题与题材选择与之相符的音乐，进而将思想政治教育内容、音乐、语言融合在一起，强化表达力与感染力。

二是情境交融。思想政治教育者借助无声的语言表达意境，充分利

---

① 习近平在全国高校思想政治工作会议上的讲话［N］. 人民日报，2016 - 12 - 09（01）.

用图片、文字与视频等表达形式丰富的短视频内容，营造"情境之中"的表达氛围，与大学生达成精神与情感的交流。如共青团官方抖音号发布的"这就是中国人"，以历史的视角描述中国人的风貌，以大量图片穿插其中，从抗战情景到发展盛况，循序渐进描述 70 年来的成果，从而启发大学生只争朝夕、不负韶华。思想政治教育者通过情境交融的呈现方式，营造情感交流氛围，提高短视频内容感染力，从而使思想政治教育内容入脑入心。

第三节　用户与内容共同进化

一、从形式中扩展

在传播媒介中文字不如图片，音频不如视频。因此要想提升思政教育的效果，首先就应该采用大学生喜闻乐见的形式，将更多的思政教育内容以视频的形式呈现。现在大多数高校思政都能做到，但是抖音的时长是有限的，而这也正是抖音的特点与吸引快节奏年轻人的地方。

思政工作者虽然模仿这一模式，与之前只是图片、文字的方式相比已经有所扩展，但这也是局限内容篇幅的地方，所以思政工作者可以在运用视频这个形式上，推出高校思政连续剧。由于所有的大学都在开设思政教育课程，各校共享之后，其制作成本将完全不是问题。建议有关部门按照思政教育课程体系，制作系列教育连续剧，加快高校思政新媒体教育形式创新。有计划地将思政教育的系列内容制作成声情并茂的连续剧，一定能够吸引更多的大学生，也能够确保思政教育的效果。单一的视频只能保持一时的热度，无法吸引到死忠粉，留住支持者，可以用连续剧这一形式缓解后劲不足这个大问题。在形式上扩展，从单一视频到连续剧情，从"点线面"三点串联，形成统一的新媒体共享形式。

连续多日登顶抖音正能量热搜榜的"新中国发展面对面"系列视频，单一视频播放量达 660 万＋，这是通过系列动画连续剧反映新中国发展，也一改中央严肃、庄重的形象和单一的播放平台，贴近广大人民。

从形式中扩展，团队最重要的是要具有良好的新媒体素质，有质量才有效果。只有了解新媒体特点和性能，才能成长。只有用大学生喜欢的话语方式和喜闻乐见的表现形式，才能吸引注意力，增强思想引领的亲和力，达到事半功倍的效果。团队在抖音发声时要有解读、利用新媒体技能的能力，只有这样才能从理性上接受抖音，并创造新的抖音思政新形式。这些舰队的武器，优良的武器，才能保障高校思政抖音联合舰队在茫茫的大海中安全前行。优质的新媒体素质体现在：团队专注抖音的"时、度、效"把握，及时了解学生的好恶和思想动态；能够敏锐地捕捉学生的关注点，第一时间做出应对；能用青年人喜闻乐见的言说方式做出回应或者创作，让新媒体思想政治教育深入人心，落地开花。《流浪地球》热映时，浙江大学把握这个热门话题，通过《流浪地球》中的杭州与现实中的杭州进行对比，而其对比的地点就是在浙江大学。一方面这符合青年大学生的兴趣，另一方面增加了浙江大学的思政竞争力。从 2019 年上半年就已经积攒了许多人气的《狮子王》电影，一经上映就收获不少亿票房，其中狮子王片段在抖音大火，#真人狮子王##狮子王#话题不到一个月就已经高达 3.5 亿＋次播放量。而武汉大学抖音团队用一只身穿武汉大学四字的猫咪模仿辛巴的片段，让人惊呼高校的创意，也为武汉大学扩大了受众范围，增加了影响力。2019 年七夕，浙江大学和上海交通大学"合体"发布抖音视频，着实给单身狗撒了一把狗粮，其在抖音平台上的官宣不但让粉丝大呼"高校虐狗"，而且更生动地展示了浙江大学和上海交通大学之间的亲密交流。视频共获得了近 20 万点赞数。

二、从内容中创新

新媒体思政教育有多种多样的形式，与此同时，思政教育工作者无法忽略高校思政的核心所在，那就是具备高价值、富有内涵的内容。如何让大学生喜欢看、愿意看？思政教育者深深地感受到创新内容的重要性，大学生不是不爱看思政内容，而是讲故事的方式不对。高校思政者思考怎么样才能思想引领入脑入心，创新是最重要的，让青年学生看着有意思、听得有兴趣，学生喜欢接受，教育的目的自然也就达到了。

因此，高校的思政教育应该提供一些让大学生们感兴趣和想了解的内容。其内容必须是精品，是精品化了的思想内涵。现在大多数的高校思政宣传都大同小异，通过转发相似模仿的形式，对内容进行复制粘贴，这并不适合于所有的高校，不同的高校思政教育需进行自我同化，比如，北京师范大学抖音大多数是以师范教育支教为主题，来宣传其优秀的品质；而医学类高校更多关注医生护士等职业。所以对于这一情况，应该结合自身情况进行内容创新，不能仅仅依靠复制粘贴来完成内容的改革。人民日报用我国坦克的开炮声创造了一段独一无二的卡点音乐。这些无不体现思政宣传方式紧跟时代脚步。而要成为网红中的另类顶级流量则应进行内容创新，做思政宣传的"技术流"。

三、从角色中出新

高校传统的思政教育是单向的，即教育者往往是高校的党务工作者等思政教育工作者，受教育者是学生。在抖音中，主导的角色几乎都是思政教育工作者，而平台上发布的短视频多是高校教育者自行拍摄、设计，受教育者一直处于被动接受的地位。① 要让短视频吸引青年的注意力，首先要在角色上创新，改变传统的教与学对象分离，从而实现思政教学结合，给予在校大学生更多机会，让高校思政在角色上出彩。

随着信息时代的高速发展，新媒体的传播速度非常快，更新换代也快，一个个热点带有很强的时效性。大学生年轻有活力，与新媒体的气质契合，他们对新媒体认可度较高。青年人思维活跃，能紧跟时代脉搏，有很强的创新意识。新媒体的出现让人类进入视觉文化时代，影像化、符号化的感性传播方式让价值理念、行为规则和理想目标更能得到理解和认同。因此，主流意识必须实现文字内容视觉化、理性概念感性化的转变。② 大学生年轻有活力，敢于也易于接触新鲜事物，挑战新鲜事物。视频拍摄、音频剪辑、图片处理等，从当初流行时的新鲜到逐渐变得稀松平常。这一点恰好与青年人较强的学习能力相对应，进而鞭策青年们不断更新自己的知识技能储备。联合舰队可以通过辐射带动各校学生组织负责相应的组织建设，全面覆盖层级，有效互动。

在互联网思维下，高校思政教育完全可以进行创新，通过让受教育者以进行内容设计、设计安排等方式激发广大学生参与生产思政教育内容，实现内容共创。哪怕是只激励了一部分学生干部和积极分子，也会对思政内容的量级上有一个质的提升，从而避免了仅靠思政教育者可能导致的内容枯竭。通过学生参与生产内容完成角色的转变，对内容生产者的教育效果是其他思政教育形式所无法比拟的，而且学生参与创造内容的过程就是很好的教育。#最美大学#由网友自发形成同心圆，在这个话题里主角不光是各个高校的官方 IP，还有来自各个高校的学生通过

---

① 叶晓玲. 论教育场域内技术与人的关系——基于技术现象学思想的分析［C］//第八届全国教育技术学博士生学术论坛论文集. 重庆：第八届全国教育技术学博士生学术论坛，2012：234 – 240.

② 王国伟. 当代中国意识形态研究的感性转向——评刘少杰教授新著《当代中国意识形态变迁》［J］. 学术界，2014（01）：226 – 230，312.

自己的镜头展示的最美大学，而这也体现了高校思政要从角色出新，应该一改学校思政负责人为主的模式，把更多的自主权交予学生。#最美大学#在没有任何中央官方 IP 的引导下也收获了 2100 万 + 的视频播放量。

2019 年年初，欧阳娜娜 Vlog 屡屡登上微博、抖音等热搜，短短的视频展示了她作为一名大学生学习、生活、娱乐的日常生活。视频一改酷炫、有趣的内容，而是重点表达了她作为一名普通大学生的生活，有考前学习冲刺、熬夜追剧、旅游追星。这是大多数在校大学生的经历，拉近了彼此之间的距离，也给粉丝看见了一个新的面孔。现在有各种用户在使用 Vlog 拍摄方式，Vlog 的各种话题热度最高达 370 亿 + 的播放量，其他的 Vlog 有的播放量也达上亿。高校思政工作者可以借助 Vlog 拍摄进行创意宣传，以大学生自己的角度去拍摄，摆脱以教与学为主的思政模式，而是通过拉近距离、分享观点的途径，给予学生更多自主性和表达权。例如，前一段时间，由抖音、北京师范大学和希望工程发起的"回音计划"，受到了抖友的广泛好评，里面有许多就是用 Vlog 进行拍摄，武汉大学发布了一则支教同学自己的 Vlog，里面记录了山区孩子对于知识的渴望和对支教老师的喜爱。

第四节　不忘初心立德树人

不可否认，抖音已经影响到了大学生思想政治教育的某些环节，思想引领的方式方法也处在一个全新的转型期，利用"互联网 +"更好地营造主流思想传播氛围，拓展思政教育新渠道是未来的方向和发展趋势。这种思维方式是创新，更是颠覆。应立足大学生群体的成长规律、成才需求与认知特点，顺应校园"抖动互联"生活方式潮流，巧妙运用抖音短视频的技术优势与传播特性"化腐朽为神奇"，着力提升校园抖音文化的政治引领力、价值影响力、思想渗透力与知识传播力。

一、构建校园传播矩阵，提升思政教育引领力

一是在传播主体数量上，鼓励更多高校官方、招生就业教学等职能部门、二级院系、学生会社团等学生组织、校园名师、学生党团骨干、杰出校友等实名注册校园抖音用户。二是在传播组织架构上，构建以学校为核心主导层，以职能部门、二级院系、校园名师为引领紧密层，以学生组织、学生党团骨干、杰出校友等为分享传播层的校园抖音传播矩阵。三是在传播内容生态上，发挥高校官方的主导核心作用，组建抖音短视频制作团队，如以《习近平新时代中国特色社会主义思想三十讲》等书籍及 PPT 课件为设计思路，进行新时代思想抖音传播议程设置，灵活融入"学习强国""学习小组"等 APP 中的热点学习内容，制作具有发展性、连贯性与话题性的抖音短视频，在校园网、微博、微信公众号、抖音平台上同步发布更新，积极引导校园抖音文化形成举旗帜、聚师生、育新人、兴文化、展形象的良好内容生态。四是在传播效应上，围绕高校官方每日发布最新的理论学习系列短视频，职能部门、二级院系、校园名师等引领紧密层应予以积极关注，在部门网站、微博、微信公众号、课堂内外等大力宣传推广，同时鼓励学生组织、学生党团骨干、杰出校友等分享传播层进行转发等，从而带动校园抖音用户的集体观看与热评热议，实现校园抖音传播矩阵的"同频共振"效应。

二、选树校园宣传典型，提升主流价值影响力

习近平总书记寄语广大青年要"勤学、修德、明辨、笃实"。用抖音传播社会主义核心价值观，可以从以下几个方面着手。

一是选树校园抖音"勤学"之星，鼓励班级、团支部等策划开展"我身边的学霸""图书馆阅读达人""实验室大神""创新创业先锋"等主题抖音短视频"随手拍"活动，以"勤于学习、敏于求知"的优

良学风吹散校园抖音文化中"佛系"与"丧"的学习风气。二是选树校园抖音"修德"之星，鼓励二级院系党委、学生党支部等组织开展"明大德、守公德、严私德"等主题抖音短视频设计创作活动，以此展现优秀党员师生与退休老党员的"崇德修身"风貌，使修身律己、崇德向善、礼让宽容的道德风尚在校园抖音文化中蔚然成风。三是选树校园抖音"明辨"之星，针对网络空间盛行的多元非主流社会思潮、多类社会热点事件的负面舆情信息与多种低俗乱象，鼓励学生会、理论社团等设计制作"辨是非、判正误、分真假、明善恶、知美丑"等主题抖音短视频，以生动活泼的校园抖"朋辈之声"引导学生学会思考、善于分析与正确抉择。四是选树校园抖音"笃实"之星，结合寒暑期社会实践、社会公益活动、义务支教、西部志愿服务等，将其中的先进个人与优秀成果以真人、真事、真情、真景，或以卡通动漫的方式制作成抖音短视频，用学生身体力行的"抖动"力量带动更多学生积极践行社会主义核心价值观。

三、开发多维课程体系，提升文化知识传播力

鼓励更多的高校教师积极参与，开发校园抖音多维度课程体系，让抖音成为多学科知识点汇聚的短视频"知识高地"，提升校园抖音文化的知识传播力。一是开发校园抖音"学术前沿动态"课程体系，结合高校的优势学科与专业特长，以学术带头人、学科点负责人和研究团队为主体，围绕各学科的学术研究前沿动态拍摄制作抖音短视频，同时选择社会热点课题的研究动态进行持续跟踪拍摄发布，将线下学术研究的"独乐乐"分享于抖音空间，营造校园抖音学术交流研讨的"众乐乐"氛围。二是开发校园抖音"专业难点精讲"课程体系，以专业必修课教师为主体，针对各门专业课中难懂、难学、难理解的知识点，拍摄制作专业知识难点精讲抖音短视频，满足大学生专业学习之需。三是开发校园抖音"通识拓展"课程体系，以通识选修课教师为主体，结合自

身专业研究特长拍摄制作通识知识拓展抖音短视频，如校园花草树木虫鸟等自然生态简介，音乐、美术、民俗、诗词、书法等中华优秀传统文化简介，生活中的电磁场、超声波、防辐射等科普知识简介等，满足大学生增长见识之需。四是开发校园抖音"讲座报告精彩放"课程体系，以学校宣传部门为主体，针对校园里开展的各学科、各类别不同主题的讲座报告，将其中的精彩片段拍摄发布抖音短视频，满足大学生品味经典之需。

　　大学生群体是校园抖音文化创作和传播的第一大主体力量，针对他们"不服来抖"的思想特点与青春冲动，校园文化抖动主旋律不能"老酒装新瓶"与印象高冷，应以轻松活泼的校园抖音"微叙事"与活跃跳动的创新抖音"微思维"满足他们的成长成才需求，教育引导他们充分发挥自身的抖音技术优势与青春活力，打破抖音信息算法推荐的"微交往"怪圈，打造呈现"刷屏之效"的校园抖音立体多彩生活，以抖音短视频"微"的魅力与校园抖音生活"小"的美好，不断提升校园抖音文化的育人魅力。

第四章

团队搭建：思政抖音联合舰队

作为时下最热门、讨论度最高的一个视频 APP，只有 8 个人的创业团队把抖音变成吸引 3 亿用户的新平台，靠的是其自身独特的吸引力。抖音不仅成为国内的 IT 黑马，国际版 TikTok 更是被华尔街日报评价为蠢萌外表下，有着严肃的社交媒体战略。抖音作为互联网新兴产物，频繁出现在青年大学生的日常生活中，还引领青年大学生以各种新鲜有趣的方式进入抖音。高校作为大多数新兴青年聚集地，也紧跟时代步伐纷纷以官方形式开通抖音账号，通过清博指数平台统计，高校抖音号 TOP20 账号在 2018 年 10 月 11—17 日共发布作品 181 条，播放总量为 10816.02 万＋，点赞总数为 456.52 万＋，评论总数为 13.5 万＋，分享总数为 2.71 万＋①。在短短的一星期里，各大高校也积极在抖音平台发声，让外界听到来自高校的声音。

抖音于 2018 年 3 月将广告语从"让崇拜从这里开始"改为"记录美好生活"②，抖音正在慢慢转型，需要正能量和思政理念去支撑，而不是简单地靠吸引注意力来获取热度，更开设了正能量热搜，这足以体现抖音 APP 对于思政题材的需求，抖音处于转型的需要更与高校思政宣传突破口不谋而合。而作为当代新兴力量的聚集地——高校，更不应该放弃

---

① 高校抖音号榜：2018 抖音研究报告完整版［EB/OL］．清博大数据，2018－10－26.
② 上官杨兰．抖音——成功的营销［J］．环球市场信息导报，2018（25）．

这个平台与机会，应抓住机会构建一个思政抖音联合舰队，体现高校思政实效性，实现高校教育新的突破，赋予这个科技创新产物向上向善的青春能量。

第一节　从"单打独斗"到"抱团取暖"

随着互联网的快速发展、社会的高速进步，青年大学生的思想与行为方式也在不断地变化，但是思想政治理应是摆在社会发展、人才培养的重要指导方向。新媒体的发展使得传统教育教学模式被打破，对高校的思政教育工作者提出了更高的要求。传统模式下，课堂教学是青年大学生获取信息的主要渠道。现如今，新媒体为青年大学生获取信息提供了诸多方式，传统课堂教学的吸引力大大下降。习近平总书记在全国高校思想政治工作会议上指出："做好高校政治工作，要因事而化、因时而进、因势而新。"① 新媒体在青年大学生的生活中所占比重越来越高，对于大学生的吸引力更强，因而新媒体平台和传统平台、高校共青团主导的团属平台矛盾日渐凸显。经过相关统计，抖音以 24 岁以下的年轻用户为主，占抖音用户总数的 75.5%，由此可见其拥有大量的学生用户，为了提升思政宣传活力，抖音等新媒体平台更应该成为高校领导者、思想政治教育者的一个新阵地。②

目前在抖音这个新阵地上，各大高校 IP 多是"各自为政、单打独斗"，而高校自身的力量有限，且宣传部门学生工作部门往往身兼多职、分身乏术，高校思想政治教育想要获得更多关注难上加难。作为高

① 习近平出席全国高校思想政治工作会议并发表重要讲话［EB/OL］. 人民网，2016 - 12 - 08.
② 刁俊强. 浅议高校网络思想政治教育［J］. 长江师范学院学报，2012，28（08）：33 - 36.

校思政工作者，应该认识到一所高校的力量有限，学会摆脱"就校论校"这个局限，大胆采用"MCN 模式"，将力量单薄的 PGC 内容都联合起来，凝成一股 PGC 的蓄力，最终实现流量的变现，[①] 形成思政强流。

一、个人 UGC：思政引领的"超级个体"

UGC 是 User Generated Content 的缩写，即用户生产内容。"超级个体"指一部分有强信息传播力、强内容制造力、强用户影响力的自媒体。在大学，这些用户非公众人物、非明星，却拥有自己的内容产品与庞大的粉丝群，如名家名师、学生榜样、草根明星等。在注意力稀缺的互联网时代获得青年学生的广泛关注。

1. 盘活师生队伍，打造抖音思想引路人

习近平总书记强调"青少年阶段是人生的'拔节孕穗期'，最需要精心引导和栽培""我们要悉心教育青年、引导青年，做青年群众的引路人"。除高校思想政治教育工作者外，高校专业教师、青年大学生自身也是进行思想引领、教育管理的中坚力量，针对大学生对抖音文化的热衷，高校教师应用抖音正确"打开方式"进行思想引导，在全员全程全方位育人格局下，打造校园抖音思想引路人队伍，助力抖音平台转变成为大学生愿意"讲真话、交真心、诉真情"的知心平台，提升校园抖音文化的思想渗透力，开拓创新。

一是以思想政治理论课教师为"排头兵"。选拔政治强、情怀深、思维新、视野广、自律严、人格正、说理透彻有感召力、讲解深入浅出接地气、课堂气氛活泼、深受学生喜爱的思想政治理论课教师，针对马克思主义原理解读、经典著作难点导读、马克思主义理论中国化创新成果研读等理论性内容，以"名师金句"的简短形式拍摄制作校园抖音

---

① 畅游新媒 CEO 详解旅游 MCN 新模式［EB/OL］. 中国经济网，2016 – 09 – 04.

思想政治理论课系列"微课堂"，融思想性、理论性、针对性和亲和力于其中，使枯燥说理借助于抖音短视频技术而变得"有意思、愿意看、真相信"。

二是以辅导员、班主任、团学工作主管部门、后勤服务部门等为"主力军"。遴选与大学生零距离接触、面对面交流、深受爱戴与好评的"身边人"，针对学业、婚姻、交友、社会融入等生活话题，以"心得"的分享形式拍摄制作校园抖音"生活小课堂"，在接地气的知心交流中引导大学生走出思想认识的困惑彷徨，解决"烦心事"。

三是以优秀大学生骨干、知名校友、奖学金获得者、学科竞赛获奖者、"创业之星""自强之星"等为"同行者"。挖掘与培养大学生抖音达人，针对学业与学科竞赛、求职择业、社会实践、志愿服务等与学生相关的校园话题，挖掘青年大学生群体中的抖音"达人"，以同行者的榜样力量激荡起"向上向善"的时代强音，激发大学生的奋斗精神。

四是以学校党委领导班子、教授学者、企事业单位优秀骨干、各行业劳动模范等为"伴路人"。选取诸如党情、国情、世情等主题视角，结合学术研究成果、工作实践与亲身经历等，以微观视角切入中国故事，以讲述、纪实、访谈等形式拍摄制作校园抖音系列"中国故事"，在有虚有实、有棱有角、有情有义、有滋有味、有己有人的宣传教育中为大学生廓清思想迷雾，增强"四个意识"坚定"四个自信"。

2. 激励学生创作，释放抖音青春正能量

大学生是抖音创作的自觉能动主体，高校要通过营造环境、出台政策、提供平台等激发青年大学生的主体意识和创作热情，只有组织、协调、引导大学生积极主动地参与高校官方抖音的创作、传播、欣赏、评析，同时把教师的主导作用和学生的主体作用结合起来，才能使抖音成为大学生思想引领的创新载体。因此，要通过开展内容丰富、形式多样的抖音线上线下活动，在教师指导下引导学生充分调动大学生用户在抖音创作上的积极性、主动性和创造性，尊重和发挥大学生用户在参与高校官方抖音建设过程中的主体作用，激发大学生的抖音创作欲望和潜能，使大学生在参与抖音中释放、分享和获得正能量。

如 2020 年 7 月，抖音发起#你好大学生 活动，吸引了 14.4 亿次的播放，带动了一批大学生以 UGC 创作模式参与进来。又如共青团中央联合抖音在"世界戏剧日"开展的"我要笑出国粹范"抖音挑战赛；在五一劳动节开展的"这是你的第几个劳动节"抖音挑战赛，重庆市共青团开展的"抖出你奋斗的青春，抖出越来越自信的你"抖音挑战赛，兰州市共青团开展的"让青春抖起来"抖音挑战赛，武汉市共青团开展的"寻找武汉最美高校"抖音挑战赛，等等。这些正能量的抖音挑战赛就是很好的探索和尝试，有效地将抖音的教育性与娱乐性相结合，使抖音创作由自发的活动变为自觉的活动，由个性呈现的活动变为组织引导的活动，由自我展现的活动变为自我教育的活动，成为激励和引导大学生集体参与、自主体验、亲身感悟和努力追求的有效方式①。

二、官方 PGC，思政引领的"动人品牌"

所谓 PGC，即 Professional Generated Content，指专业化的生产内容。于短视频而言，通常指由专业的广电从业者按照几乎与传统电视节目制作无异的方法进行制作，但是在节目的传播上，完全遵从互联网的传播特性进行整合与传播。优酷土豆是最早发起 PGC 模式的视频网站之一，该平台上云集了各种流量、粉丝极高的节目内容。

目前，抖音短视频已经吸引了越来越多的政务账号入驻，成为政务新媒体传播正能量、有效开展大学生思想引领的新平台。政府和高校要主动进驻抖音，推进抖音阵地建设，打造官方抖音品牌。当前，各个大

---

① 刘艳，李雪洁. 大学生使用抖音短视频 APP"瘾"现象分析——以宁夏大学为例[J]. 法制与社会，2020（08）：139 – 141 + 156.

学官方抖音号已相继出现，这些高校通过积极组建抖音团队，用全新的演绎挖掘社会正能量事件，在抖音上导入正能量清流，对引导抖音发展起到了非常积极的作用。高校要积极打造官方抖音品牌，让主流文化占领宣传思想工作高地①。

1. 成立新媒体运营中心，形成稳定的用户关系

目前，高校在校报、校园广播、网站、微博、微信上已形成了较为稳定有序的运营模式，但是青年大学生用户的"阵地转移"，要求高校进行思维方式和运营模式的同向转变，在运营已成熟的宣传平台的同时，还需要多管齐下，开发新的新媒体平台。高校新媒体平台恰可利用大学生在抖音上天然建立起的"强关系"打造全新的短视频校园传播网络。高校应充分鼓励和帮助学生在抖音平台上进行自主创作，面向全体学生征集创意，同时吸纳有热情、有想法、有技术的学生组成有秩序、有分工、有技术的专业新媒体运营中心，拍摄有创意、有内容、有意义的短视频，使高校官方抖音账号形成稳定的更新周期，源源不断地输出有价值的内容，从而构建起稳定的用户关系，保证高校官方账号运营的生命力和吸引力。

2. 发掘校本化特色，形成可持续发展的抖音校园文化

对于高校官方账号来说，它不能像私人账号一样自由分享独立个体的内容，对信息的过滤、处理、升华是必要的步骤。这就需要经营官方账号的团队对自己发布的内容进行全面的谋划和设计。作为一个高校官方的抖音账号，要立足本校特色，在校园的现实场域中依托学缘、生缘、趣缘等天然"强联系"优势，构建富有校本化特色且稳定可传承的校园抖音文化。如四川西南航空职业学院的抖音账号多为与民航题材相关的内容，以师生共同参与的形式，科普航空常识，如过安检时的注

---

① 张艳萍，何双秋. 政务抖音号"共青团中央"传播规律探究 [J]. 新闻研究导刊，2018，9 (21)：41-43.

意事项，紧急情况下飞机上的乘客如何逃生等，让用户在几十秒内获得知识。光有特色还不够，四川西南航空职业学院在视频的拍摄和编辑方面也下足了功夫。其中一条点赞量超过 300 万的视频模仿周星驰电影《喜剧之王》的经典桥段，不仅改编了电影台词，而且动用了飞机这种大型道具，采用多角度拍摄。截至 2021 年 7 月，特色与质量并重的作品让西南航院的抖音账号获得了约 350 万的粉丝，累计点赞量超过8600 万。抖音平台上的高活跃度对这所民办专科院校提高知名度有很大帮助，有人就在评论留言表示"看了以后想要报考这所学校"①。

3. 构建校园传播矩阵，形成可延伸的传播网络

基于不同关系形成的圈层在交往过程中不断地延伸扩大，高校可利用校园天然的行政体制、学生群体，将思想引领的场域扩大，触角延伸。一方面在传播主体数量上，鼓励更多高校官方、招生就业教学等职能部门、二级院系、学生会社团等学生组织、校园名师、学生党团骨干、杰出校友等实名注册校园抖音用户。另一方面在传播组织架构上，构建以学校为核心主导层，以职能部门、二级院系、校园名师为引领紧密层，以学生组织、学生党团骨干、杰出校友等为分享传播层的校园抖音传播矩阵②。

三、组团 MCN，思政引领的"航空母舰"

MCN 是 Multi – Channel Networr，即多渠道合作。加强对内、对外的合作，构建"高校 +"MCN 模式。搭建传播矩阵，推动学校各二级学院、部门开通抖音号，整合、协同校内外不同类型的抖音主体，形成多IP 联动的集成效应，推进多层级的高校抖音体系建设，以多方联动的

---

① 杜晓煦，郭力瑄，蔡顺，等. 高校移动短视频的应用现状及应对策略——以抖音APP 为例［J］. 视听，2019（09）：146 – 147.

② 崔海英. 校园抖音文化的现象审思与教育引导［J］. 思想理论教育，2019（06）：85 – 90.

形式切实提高高校官方抖音的活跃度和影响力。如与抖音平台联合创立工作室、拍客中心，结合重大宣传节点，策划共建主题活动。于高校而言，寻求流量扶持、加权推荐，以算法助力精准思政；于平台而言，增强了优质内容的生成，吸引流量；于青年大学生而言，听到了有价值的好故事、好声音，受到了教育，实现多方共赢。积极探索线上线下共建互融的新格局，努力让以主流价值为底色的抖音产品获得更强大的传播力，用社会主义核心价值观引领校园抖音文化，让正能量传得更响更远。

各高校之间，高校和企业、高校和社会团体之间，可通过以下几种方式挖掘优势，整合资源，实现传播效果的最大化。

1. 校校联手

即各高校之间同频共振，用同一种声音发声，通过高校互动，增加音量。如由@教育小微 发起的#高校拉歌 活动。不同的高校选用正能量的音乐题材、优良的内容质量同频"接力"，短短一个月的时间，#高校拉歌 话题累积将近30亿的阅读量，其中，北京理工大学改编翻唱《我和我的祖国》经典歌曲，通过活泼的歌声，搭配简单可爱的舞蹈，成为#高校拉歌的热门视频，获点赞数8万+；中国人民公安大学通过气势熊熊的警歌歌唱祖国，实现了主流价值观的同频共振。

2. 跨界合作

即跨高校、跨学科、跨领域、跨文化的多方支撑。如，2020年，央视新闻、抖音联合包括北京大学、清华大学、武汉大学在内的百所大学发起"云端毕业季"活动。又如，中国教育电视台《教育传媒研究》杂志、中国传媒大学协同创新中心、抖音青少年网络健康成长研究中心联合启动了旨在推动短视频青少年教育的"青椒计划"。青椒计划是高校、平台、媒体强强联合的一次非常有益的尝试。"青椒计划"邀请来自中国传媒大学的青年网友与抖音平台当红大V进行现场对话，不仅打通了"学界"与"业界"的壁垒,也将想要影响的受众与有影响力的传播者共同纳入其中,实现了用户黏性、活动亲和力、影响力、引领力的效果加成。

3. 平台互补

根据清博舆情系统数据显示,有关高校宣传信息的传播平台呈现多元化趋势,各个高校宣传工作拥抱多样化的传播渠道已然成为一种趋势。但受制于高校体制的划分,不少新媒体平台往往由不得组织或团体进行管理,常常出现"各自为营"的问题。因此高校应整合传播渠道,树立全媒体思维,构建传播矩阵,从而使得包括抖音在内的高校各官方新媒体账号健康发展。一方面,高校可统筹图文、视频、音频等传播渠道,构建"两微一抖一站一报"全媒体传播矩阵,在内容分发上坚持统筹兼顾的整体化思维方式,避免内容重发漏发。另一方面,高校要积极推动构建多层级传播模式,鼓励二级机构开设官方账号,例如,北京大学光华管理学院、中国传媒大学动画作品等细分抖音账号与高校主体账号形成了"大事共推、小事互推"的传播机制。

第二节 从"十项全能"到"各司其职"

思想政治教育的传播内容似乎也理应包罗万象、丰富多彩。但是,由于高校官抖在运营建设中,既有的专职力量和学校自有的资源普遍小于社会力量,缺乏类似于商业类抖音号议题设置能力和有效的推广手段,以及它们整合社会资源的稳定渠道①,做到"多点开花"实为困难。这就需要高校思政工作者调整思路,从"十项全能"到"各司其

---

① 李勇图. 高校官方抖音建设的现实审视与思考 [J]. 文化软实力,2020,5(03):57-64.

职"的转变。各大高校应提倡资源优化配置，通过资源通融、内容兼容、人员共融，充分发挥各大高校技术优势和传播效率，提高各大高校间的熟悉度和默契程度。在新媒体高速赛道上锚准自我方向，与此同时还能增强整个团队的战斗力，发出更加响亮的声音。

一、争取资源，夯实顶层设计

不同高校间官抖的建设与发展存在着很大的差异性，各高校的办学层次、运维人员素质、支持保障力度、运营推广渠道等各不相同，导致各高校各有所长也各有所短。领导重视是高校做好抖音新媒体工作的关键，高校官抖作为高校宣传思想战线上的新兵，其成长和发展离不开领导的重视，也只有在领导充分重视的前提下，官抖建设中关于人、财、物等方面的支持保障措施才能落实到位、顺利实施。部分高校因为领导不够重视，所以开通官抖后仅限于完成一些规定动作，官抖建设中的自主性严重不足。而综观清华大学、浙江大学等官抖建设较好的高校，无不有人、财、物等方面的支持和保障以及相对明确的工作任务，如此良好的内部控制环境，离不开顶层设计的支持。因此，高校官抖要抖出新高度，宣传、团学等部门首先要统一认识，明确抖音时代学校宣传思想工作面临的新形势、新挑战和新任务，进一步认识到建设高水平官抖的重要意义，应积极谋求学校党委、行政的重视和支持。高校宣传部门可牵头将对抖音等新媒体的开发与建设工作作为重要的议题报请学校党委常委会或校长办公会研究并形成共识，力争推动校园抖音建设的顶层设计。

二、凸显优势，凝练个性品牌

个性化生产及差异化创新是抖音区别于高校官网、官方微博、微信等其他校园媒体的核心竞争力所在，也是"各司其职"的核心。但由于部分高校官抖的创作能力不强，导致其所传播内容严重依赖转引，同质化的内容只会让官抖流于形式,雷同而又枯燥的视频内容不仅不能吸引大学生,还有可能让他们"用手指做出选择"。抖音更强调技术特性,高校要想真正发挥抖音这种新兴价值引领工具和载体的优势,就必须加大对抖音的关注和研究力度,努力平衡共性和个性的冲突。官抖不是学校的综合信息门户,也不可能替代校园新闻网站的功能,因此,在官抖的视频创作和内容生产中大可不必追求大而全,要充分发挥抖音的优势,要学会对视频内容本身的深度挖掘和呈现,着力在提升内容创作水平上下功夫。有倾向性地进行个性化和差异化生产,与其他高校、官抖形成相辅相成的"集群效应",让官抖获得更大的传播力和生命力,继而走出创作缺位的困局。

此外,高校官抖的内容创作要聚焦校园特色。不同的高校都有着不同的学科专长、历史传统、目标定位,等等,高校要树立品牌意识,积极开发具有校园特色、群体归属感的视频内容,充分挖掘本校的历史文化特色、学术优势、智力资源,提炼具有本土标签或优势的概念表述,锤炼特定语境下的叙事技能,倾力打造校园特色抖音文化品牌。比如,中国人民公安大学、中国刑事警察学院等高校官抖就立足学校特色,聚焦展示警校生风采,较好地把握了抖音的传播规律和特点。综观公安大学官抖,视频场景遍布图书馆、自习室、大礼堂、训练场,镜头所到之处清一色都是穿着警服、作训服的学生,视频内容从整理内务、走列队、跑早操等日常生活中的警务化管理到警务驾驶课、射击课、国宾护卫训练课等专业化课程训练,英姿飒爽,一身警味。这些特色的短视频既不盲目迎合,也不哗众取宠,通过深挖学校的优势潜力,全面对接学校的学科特色,通过充分发掘和寻找极具感召力的德育资源,聚焦传播具有情感点和记忆点的特色内容,使官抖成为学校线上宣传的突破口①。

---

① 李勇图. 高校官方抖音建设的现实审视与思考[J]. 文化软实力,2020,5(03):57-64.

三、夯实队伍，激活教师潜力

在高校官抖运营中应配齐足够的专兼职工作人员，人员保证是做好抖音等校园新媒体工作的关键，如若团队建设缺位，具体的执行与落实都将无从谈起，再好的平台也不可能真正见到实效。因此，要提升互动性和体验感，首先要建设一支富有担当精神、具备专业能力的教师工作队伍、思政工作队伍。新媒体技术的快速更迭对复合型网宣人才提出了更高的要求，抖音的拔地而起已使部分高校的"草台班子"捉襟见肘。为此，高校应该站在培养时代新人的高度，像重视思想政治理论课队伍一样重视学校的网宣干部队伍，要像选拔学术骨干队伍一样，选拔一批能干事、会干事、干成事的教师干部队伍，不断为抖音等新媒体工作团队补充具有专业素养的"新鲜血液"。同时要改变对高校网宣干部只重视使用而忽视培养的现状，要有针对性地开设相关培训课程，逐步提升官抖等团队成员的媒介素养水平、舆情研判能力及回应引导能力，不断强化外源性保障力量，打造一支本领高强、能打胜仗的抖音工作队伍。

第三节　从"激励保障"到"价值认同"

新媒体技术的快速更迭对复合型网宣人才提出了更高的要求，抖音的拔地而起已使部分高校的"草台班子"捉襟见肘，人员保证是做好抖音等校园新媒体工作的关键，如若团队建设缺位，具体的执行与落实都将无从谈起，再好的平台也不可能真正见到实效。为此，高校应该站在培养时代新人的高度，建设一支有理想信念、有担当精神、有专业能力的抖音工作队伍。正如有些学者所言：加强新媒体队伍建设，推动新媒体事业发展，既要靠思想教育、道德自律，更要靠制度规范、机制约束……努力形成激励与约束相结合、自律与他律相结合、内部管理与社会监督相结合的有效机制，用科学的制度和机制引导人、约束人、激励人①。

一、核心素养：忠诚、责任、专业

一是要将忠诚注入灵魂。习近平总书记指出：意识形态工作是党的一项极端重要的工作。坚持正确的政治方向是做好意识形态工作的灵魂和生命线，宣传思想工作是我们党的事业一个不可分割的部分，思想政治工作与党的使命血脉相连，一荣俱荣，一损俱损。宣传思想政治工作必须忠于党，这一点不容置疑。高校抖音建设团队必须忠诚于马克思主义信仰、忠诚于党和人民、忠诚于党的理论和路线方针政策。鉴于"当前高校意识形态领域呈现出思想意识多样化、价值追求物欲化、舆情汇聚网络化、社会思潮聚集化、西方理论植入化、课堂纪律松懈化等突出问题。我们必须与时俱进，全面把握新时期高校意识形态工作的复杂样态，着力破除重覆盖轻渗透、重整体轻差异的模式，开创显性与隐性、应急与预警相统一的局面，牢牢掌握高校意识形态工作的主动权"。② 这就要求我们在新形势下，要正视眼前大学生思想潮流多变的困难与挑战，高校官方抖音团队作为高校形象的代言人、主流价值的输出者，政治素养过硬、忠诚于党的事业是第一核心要素，要讲好故事、唱好声音就要有敏锐的政治意识，能在泥沙俱下的网络环境中辨别是非。要熟悉党的思想方针政策和法律法规，依法发声；要用主流思想和社会主义核心价值引领大学生，在运用抖音时融入主流思想、渗透正确价值观，增强当代大学生的道路自信、理论自信、制度自信；要在日常宣传中加强国家、民族认同教育，努力提升宣传工作的精准化、精细

---

① 刘海藩．良性互动的领导者媒体交往方略［M］．北京：红旗出版社，2012.
② 王建南．把握高校意识形态工作复杂性和主动权［J］．思想教育研究，2014（10）：53－56.

化、精益化，旗帜鲜明地引领广大青年学生听党话、跟党走。

二是要将责任担在肩上。众所周知，抖音的创作需要投入大量的精力，作为抖音建设团队的成员，从策划、编辑到发布要紧跟当下潮流，要时刻揣着精益求精的精神进行创作；而且学生本身课业压力较大，所以要做好抖音建设工作的压力有多大可想而知。用抖音做好高校思想政治教育工作不能空对空，而要实打实。把责任担在肩上，体现在以下三个方面。第一，把学生放在心上。要始终以同学们的需要为第一信号，以同学们的呼声为第一选择，运用新媒体的手段更好地为学生立言、谋利。用生动鲜活的语言、同学们喜闻乐见的音视频，着力回答好青年大学生普遍关注的热点难点问题，努力促进青年大学生的自我教育、自我引导、自我提高。第二，把辛苦化为动力。学校官方抖音团队要有学校大局观念，能吃苦耐劳，能承接临时性、紧急性的工作，如遇重大活动、策划，能克服阶段性的加班等，能够全力以赴落实把关责任，看好自己的阵地、管好自己的队伍，做到守土有责、守土负责、守土尽责。要求抖音团队的成员要有强烈归属感，能做到忠诚于团队，以敬业的精神共同将学校的抖音建设工作一步一步推向新的巅峰。

三是把技术握在手中。2014 年 6 月 27 日，习近平总书记对共青团工作做出重要批示指出："要深入研究当代青年成长的新特点和新规律，把准方向、摸准脉搏"[①]。高校官方抖音建设团队作为思想政治教育的实施者，只有了解新媒体特点和性能，分析爆款和特色作品，总结特征、探索规律。多想创作思路、多练拍摄剪辑，努力提高作品创作能力，以期能够持续稳定地输出优质作品，在持续进行思政教育与价值引领的同时，扩大教育影响力才能更好地服务学生成长。只有用当代青年人喜欢的话语方式和喜闻乐见的表现形式，才能吸引学生的注意力，增

---

① 以习近平同志为总书记的党中央关心青年和青年工作纪实［EB/OL］．人民网，2015 – 07 – 24.

强共青团思想引领的亲和力，才能更加容易地让学生接受，方能达到事半功倍的效果。所以，高校官方抖音团队要有获得、解读、使用和利用抖音平台的能力。全面地认识和接受新媒体的存在和日新月异的变化，才能从理性上接受新媒体并创造出新东西。

二、队伍熔铸：遴选、推荐、储备

勇于尝试新鲜事物，但平台运营经验不足、对思想政治教育的理解欠缺是多数高校抖音建设团队的"通病"。高校可在配齐经费、配足人员的助力下，努力培养打造一支政治可靠、技术专精、网感敏锐、思维活跃、探索积极、热情肯干的队伍，通过持续创作优质抖音作品，占领网络思政阵地，打造思政新品牌，承担主流价值导向作用，打造积极正向的舆论场域新格局。

一是遴选。抖音团队组建的过程可采用多种选拔方式，其中面向全校同学遴选是最常见的。可以让职能部门，如以学生工作处、校团委的名义正式发文的形式面向全校同学进行招聘，发布各个部门工作职责和岗位要求，有针对性地招聘刚需人才，同时这也能帮助同学们精准地自我认知和对号入座。在遴选过程中，要通过专业实践和综合判断该学生是否具有新媒体 DNA，或者是否有较高潜质通过短期培训，或者是否能迅速适应岗位所需要的要求、在最快的时间走上工作岗位。在大众遴选过程中，要注重从学生的政治素养、专业素养和奉献意识三个维度来考核学生。

二是推荐。组织推荐是选人用人的重要方式，抖音团队的搭建需要各个方面的人才，有才必推，学校也要做到能人必用。动员各二级学院、党支部、团支部等各级组织推荐新媒体人才。这样一来一方面节约了学校对学生培养的成本；另一方面也为学生提供了更大的展示舞台、助力学生快速成长。可以说从行动上做到了"集中精力办大事"，为学校抖音的发展提供了保障。

三是储备。高校抖音的建设是一个可持续发展的过程，人才的选拔也不是一蹴而就，人才的规划必须以抖音团队的架构和发展需要为依据。这要求高校官方抖音的发展目标要恒定、发展定位要明确，在此基础上，可通过开展"校园抖音大赛""新媒体技能培训""优质作品征集"等活动挖掘人才，针对不同类型的学生特别推出分类分层、定性定量的人才培养、吸纳计划，为高校官方抖音的发展提供强有力的人才支撑。

三、激励措施：培养、发展、务实

工作动机是一个学生的自身想法，是否能有效体现主要由个人意志操控，所以学生的个人因素对其工作动机影响巨大①。这就需要高校各组织团体、教师、社团提供一定的条件，使学生的需求得到激发，让他们的动机由不活跃转化为活跃状态。为了能让抖音团队保持强大的战斗力，激励措施主要遵循以下三个原则。

一是以人才培养为核心。高校的首要职责在于教书育人，在于培养学生成长成才，学校的各项工作都是围绕该中心而展开，抖音团队的建设也是不能偏离其中的。学生进行抖音短视频创作的过程，也是思想受到教育的过程。只有超然的思想才能赋予思想政治教育的内涵，只有对学生思想政治教育有深入研究的队伍，才能承担起引领学生思想发展的重任。团队将社会主义核心价值观等主流思想内化于心、外化于行，创作出一大批优秀的产品，以强势的姿态引领学生向上向善。

二是以全面发展为目的。在抖音团队的人员管理中，学校激励他们全面发展，并为他们提供多个锻炼平台，以增强他们的综合素养——学生的组织管理、表达交流、创作实践等。抖音团队的创作作为课堂教学

---

① 张俊恒，江浩宇，金文清，等．费鲁姆期望理论视阈下高校学生干部激励机制研究［J］．管理观察，2019（27）：160 – 162.

的延伸，不仅从理论和经验上指导活动的开展，还将"理论与实践相结合"的育人要求有机统一，同时打造了新时代的"第三课堂"，为学生提供了专业锤炼的平台。当然，在激励措施的指向中涉及多方面，希望同学们能朝着多方向发展，而不仅仅局限于某一领域。除此之外，在激励的设置中对学生的考评较为看重综合素质考评，各方面的考核比值科学合理。

　　三是以公平实用为导向。第一注重公平原则，采用多劳多得的奖励办法，为团队的创作注入不竭动力。第二注重实用激励的原则，对团队成员从岗位提升、学分认证、勤工助学、评优评先单列、成果共享等多方面畅通他们的成长通道。这些都是学生在发展过程中最需要、最迫切的，也让学生在创作中有"看得见""摸得着"的获得感。

第五章

逻辑先行：由表及里摸清规律

刷屏是一种现象，是一次次巨大的信息碰撞，可以说，抖音重新定义了媒体与传播，抖音到底为什么吸引年轻人，其传播的内在逻辑到底是什么，如何才能形成爆款，是高校思政工作者需要思考的问题。

第一节　熟悉又陌生——不可不知的青年画像

大学生的成长适逢中国互联网高速发展，他们更注重精神层面的需求和享受，网购、网游、网络社交伴随着青年人共同成长，网络世界成为他们的精神家园。青年人在网络中尽情释放自己的同时，也期望在虚拟和现实交织的世界中寻求认同。本章节从青年大学生的标签符号、文化生态、政治参与、学习就业、网络世界等五大领域进行探索，更好地构建立体化、精准化的青年画像，有助于优质抖音内容的产出。

一、青年标签：让青年定义青年

"标签"本义是用来标志产品目标和分类或内容。而当其用在青年大学生群体上，则是表现当代大学生所映射出来的时代特征。尤其是在网络时代，互联网使不同人群有更多机会表达自己对社会问题的情绪和看法，展示自己的生活方式。于是，在网络和一些媒体的推波助澜下，贴标签的行为越来越普遍，标签不知不觉中成为不少人评价别人、分析问题的固定思维模式①。

随着青年网络标签的大热，如通过反向描述，不经意间透着"淡淡"的优越感，炫耀自身学历、财富的"凡尔赛人"；在芸芸众生中崇尚一切随缘、不苛求、崇尚得过且过、不太走心的活法和生活方式的"佛系青年"；爱给自己立 flag，但永远做不到，间歇性踌躇满志，持续性混吃等死的"积极废人"；奉行啤酒泡枸杞，奶茶也是茶的"朋克养生青年"，总结一句话就是"我们终于变成了自己最讨厌的样子"。那些工作学习上可能很佛系，但是在微信运动、蚂蚁森林等线上 battle 中好胜心异常旺盛的"好胜青年"，朋友的点赞，是他们的第一生产力，只是昵称参与排名，都能激起他们的熊熊战斗欲；又如往往不问真相，不求是非，为反对而反对，为争论而争论，抬杠成精的"新杠精"群体；又如面对学业压力、就业压力只想躺平的"躺平青年"。社会和媒体对青年的标签化认识，虽然敏锐地揭示了当代青年的部分特征，但要真正了解把握当代青年，必须打破标签化认识，不能忽视当代青年特征的多样性和多元化②。

二、文化生态：异军突起的亚文化

随着互联网的出现和广泛使用，文化的形态也出现一些新变化——网络文化的诞生。简单来说，网络既是文化的新载体，又是组成文化新的部分。一方面，大学生作为网络的主力军，也是网络文化的主体。他们在使用和制造网络文化的时候，也承担着传播网络文化的重任。同时，他们的世界观、人生观、价值观也在这个过程中受到网络文化的影

---

① 王吉全，文松辉．青年观：标签化伤害了谁［N］．人民日报，2016 - 04 - 05
（019）．

② 江芳俊．由"鸟巢一代"看对青年的标签化认识［J］．中国青年研究，2008
（12）：94 - 96.

响。另一方面，网络文化的诞生创新思想政治教育的研究方向，也使其面临相应的挑战。思想政治教育工作者要想研究网络文化对大学生思想政治教育的影响，首先就是需要对各种网络文化有一定的了解。

随着社会的迅猛发展，亚文化在高校中日益盛行，并得到青年学生群体的广泛认同和接受，对塑造大学生健全人格产生了极大的影响①。与主流的"立德树人"的教育宗旨相对立，高校中的亚文化具有强烈的叛逆色彩。如丧文化、宅文化、靠文化、污文化、星文化等。随着消费社会消费文化时代的来临，粉丝群体人数增多，社会影响力逐渐增大，粉丝文化也成为一种网络文化现象。作为一项文化传播活动，粉丝文化曾经一度是粉丝群体内部文化传播活动，网络媒体的蓬勃发展给其带来了巨大的影响。② 以互联网为代表的社交媒体，改变了粉丝被动接受信息的局面，加强了粉丝与偶像之间的互动沟通。网络时代衍生出来的各种文化，具有不同的时代特征，如对美好生活的向往和追求的"锦鲤文化"；迷信星座、塔罗牌预言的"网络占卜"；倾向于审丑的"土味文化"；由电视剧《延禧攻略》而走红的"爽文化"；热衷于朋友圈分享个人生活点滴的"晒文化"；热点事件爆发后，在一旁看热闹的"围观文化"等。抖音追剧、土味配音、无脑短剧有着大量拥趸，"歪嘴战神"系列爽剧视频播放量达 5.8 亿次，该类视频贴合年轻人无脑观剧的需求，网友大开脑洞掀起全网二次创作热潮，15 秒到 1 分钟的观看时长设置为它们插上了传播的"翅膀"。抖音"神评论""神回复"也成为用户使用抖音时的乐趣所在。

---

① 叶大扬．校园亚文化对大学生思想政治教育的挑战及对策探析［J］．黑龙江生态工程职业学院学报，2018，31（01）：97-99.
② 兰明尚．新时代高校网络教育主导权构建研究［J］．学校党建与思想教育，2019（20）：71-73.

三、政治参与：参政议政更加积极主动

随着互联网的发展和渗透，网络成为青年政治参与的重要途径，同时也给青年的政治参与增添了很多内容。青年作为网络使用的主力军，政治参与呈现较为积极、主动的趋势。同时，随着我国综合国力的增强和国际地位的提高，青年对国家民族的认同感和自豪感不断增强，文化自信逐渐树立，青年已经成为政治参与的实践者和推动者。在某些时刻，年轻人会将爱国情感外化：如周恩来总理相关话题#这盛世如您所愿、迎接抗疫救援人员相关话题#英雄凯旋等播放量巨大，无不充斥着青年关心国家大事，参与国家政治的激情与热情。

而网络社会中的多元性、复杂性又使这些新时代的高校大学生在政治认同上出现了一定程度的离心倾向。在一定范围内，这种离心倾向甚至还在强化。尤其是在全球化的影响下，西方资本主义国家的政治社会思潮也通过网络对高校大学生群体构成复杂的影响。一方面，以普世价值为外衣的西方政治社会思潮直接通过如电影、电视剧、短视频、广告等一系列传媒产品进入大学生群体的视域；另一方面，一部分网络"大V"不顾中国特殊的历史国情，以西方政治社会情境为理想状态，对中国问题进行批判，宣扬历史虚无主义，间接地向中国的大学生群体输入西方国家的价值信念，甚至个别网络"大V"还成为极端的"带路党"。由此造成我国部分大学生成为精日分子、伪爱国者、"两面人""香蕉人"等，历史虚无主义抬头，诋毁英烈、穿日军服在抗战遗址前照相、大学校内悬挂旭日旗等迷失身份认同事件频发。

四、学习就业：象牙塔里的焦虑

在全球化时代，越来越多的学生走出去，同时也越来越多的留学生选择回国，低龄儿童"留学热"和青年留学生"归国潮"两种趋势并存，"一进一出"的反差形成了鲜明的对比。由于在异地求学需要学

习、生活、环境等方面的适应，虽说他山之石可以攻玉，但仍有外国的
月亮并不圆这一说。近年来，多起我国留学生海外身故暴露心理问题。
但对于高学历的追求仍然不断成为广大学子的求学选择，越来越多的女
博士出现在人们的视野当中，被当作所谓的"第三类人"的她们面临
着诸多的生存困境，在抖音上，女博士日常、生存困境也成为关注焦
点，如抖音话题#谁说女博士不可爱#就有着 1.5 亿次播放量。青年大学
教师也面临着就业条件与预期差距大，工作教学压力大等问题。同时，
明星也追求高学历的光环，但必须严守学术道德规范。2019 年年初，
伴随着翟天临学术不端事件的落幕，带来的是教育部对学术不端的进一
步严抓狠打。在课程安排上，恋爱、性知识通识课，爬树、冲浪、食品
制作等特色课程贴合学生个性发展特点，吸引着更多学生。

大学是"象牙塔"，但不是学生永久的"庇护所"，它只有短短的
几年时间期限，青年学生不得不去追求诗和远方。但在学生真正步入社
会时，都会有一段"预告片"，即毕业前的实习。近年来，"天价实习"
明码标价，实习乱象屡禁不止，引发社会不满，急需社会各方力量的共
同治理。随着我国高等教育走向大众化，每年的毕业生人数不断攀升，
2020 年高校应届毕业生高达 874 万人。其中，首批 95 后也将变成职场
中最年轻的新力量。但是，95 后作为新生代，其就业择业观也悄然发
生了改变。95 后只在意"下午茶和健身房"的就业观念，显然更看重
职场氛围、福利保障和工作文化，更在意自我价值的实现，更追求职业
发展的潜力，也更注重个人兴趣喜好的契合度。轻松、欢愉和平等是
95 后择业的考察重点，使得"慢就业"群体也有逐年扩大的趋势。更
有许多大学生毕业后就转战自媒体平台，在抖音、快手等平台开直播，
梦想成为网红。也有青年、大学生村官利用抖音直播带货，推广本地特
产、旅游业等，助力当地脱贫增收。大学生如何就业，大学生该不该找
兼职，选择一线还是三线城市都成为抖音博主的视频素材，他们各抒己
见的同时也影响着更多大学生的选择，一些专门分析就业形势、指导大

学生就业的抖音博主更是粉丝众多，赚得盆满钵满。2020 年后，在疫情影响下，众多年轻人遭到了社会的"毒打"，他们选择放弃进入企业转而加入考公、考研大军，更加倾向旱涝保收的"铁饭碗"，甚至推迟就业。

五、网络世界：游走在虚拟与现实之间

在新媒体时代，各种网络社交软件迭代更替、层出不穷，随着 QQ 空间、微博、微信的火热之后，直播走在社交媒体的风口浪尖，网络直播掀起了一股热潮，网络直播教学、网络直播吃饭、网络直播养生等应有尽有①。大学生成为网络直播受众的最大群体，大学生沉迷于网络直播的现象暴露出青年学生精神世界的空虚。强大的抖音算法推荐机制根据用户偏好不断调整推送的内容，使用户始终觉得刷到的视频都是自己感兴趣的，进而不断提升抖音用户黏性，使大学生刷抖音刷到"根本停不下来"。某些大学生在抖音直播间巨额打赏只为攀比，或是直播内容低俗化、庸俗化、媚俗化，游走于法律边缘，甚至为博关注造谣造假走上违法犯罪的道路。由于网络直播的门槛低、交互性强、监管不完善等加速了网络直播的风靡，沉迷网络直播对大学生的健康成长有诸多弊端。再加上抖音目前尚未实行实名认证，一些用户为了引发关注，在抖音上发布各种恶搞、拜金、整容、炫富等短视频，这些不良内容对大学生价值观塑造带来的影响不容小觑。

古往今来，很多技术都是"双刃剑"，一方面可以造福社会、造福人民；另一方面也可以被一些人用来危害社会、危害人民。从世界范围看，网络安全威胁和风险日益突出，并日益向政治、经济、文化、社会、生态、国防等领域传导渗透。习近平总书记强调，"没有网络安全

---

① 詹红燕. 网络直播对大学生思想政治教育的影响及对策研究 [J]. 佳木斯大学社会科学学报，2017，35（03）：76-79.

就没有国家安全，就没有经济社会稳定运行，广大人民群众利益也难以得到保障。"① 现今网络世界并不安全，如此前一款网上流传的危险游戏"人体刺绣""蓝鲸"游戏以及电信诈骗事件，严重威胁到青年大学生的生命安全。除了对人们身体造成危害的游戏外，网络上还有危及学生心理的各种"心灵砒霜""毒鸡汤"，凭借着犀利的言辞、精准的伤口撒盐，强调以毒攻毒，揭人伤疤，让你自己去清醒。

　　除此之外，当代青年大学生也不断出现一些新的现象，一是"熬夜成疾"。媒体也对此进行了解读，将晚上不睡觉、早上起不来、白天精神不振、夜晚精力充沛的学生描述为新型"特困生"，意指睡不着、睡不够、睡不好的"特别犯困的学生"。毫无疑问，"特困生"除了黑白颠倒影响作息，也会破坏宿舍关系，更会导致一代年轻人的健康被拖垮。二是"睡后收入"群体。作为网络语的该词，是指睡一觉醒来就有的收入，你不用去做些什么，收入就会持续增加。当代青年毫不掩饰对金钱的热爱，更加追求睡后收入。他们通过各种副业、理财手段来增加收入，如数据显示，2020 年新增"基民"中，90 后占据了一半以上。抖音上"基金""怎么买基金"也成为年轻人的关注点，如基金教学类抖音号@XY 养基 已有 80 万粉丝。三是隐形贫困人口群体，有些人看起来每天有吃有喝但实际上非常穷。从存款看，他们就是新时代里的"新穷人"的隐形贫困人口群体。同时，也不知道从什么时候起，光鲜的表象成了生活好坏的标尺，"伪精致"正变成青年大学生眼前的陷阱。抖音上短剧式广告也吸引着年轻人在不知不觉中下单购买产品，看视频领优惠券更令他们觉得"买到就是赚到"。四是"体质断层"，即青年从中学进入大学阶段后，其身体的体质健康状况呈现下滑趋势，甚至在爆发力、耐力、力量素质等多项检测中，同一个人在大学阶段的

---

① 习近平：没有网络安全就没有国家安全［EB/OL］. 中华人民共和国国家互联网信息办公室，2018 - 12 - 27.

表现反而不如中学阶段，呈现出典型的"断崖式"下跌趋势。五是身体消费实践更甚。不少青年在抖音上发布健身教学视频，或在抖音上学舞蹈学瑜伽等，大学舞蹈老师刘 RCS 的舞蹈视频 110 多部，获赞量达 46.9 万。通过短视频中的持续性身体展演实践，反过来又促进了用户的身体管理、形塑及自我提升、认同，展示了年轻、进取、有活力的"活生生"身体的文化和资本价值。①

第二节 知己才知彼——为什么大学生喜欢抖音

短视频是兼文字、图片、声音、影像于一体的社交形式，能满足受众多层次的媒介需求，给受众带来全新体验。在抖音建构的虚拟网络空间中，用户可以创作短视频，也可以通过点赞、评论、分享等形式进行社交互动。大学生好奇心重，喜欢时尚、新鲜、潮流，乐于接受与尝试新事物，对新的文化传播形式的接受度较高。抖音短视频以满足大学生碎片化需求、充实大学生社交、满足大学生的表演欲以及能引起情感上的共鸣等原因，使其广受大学生的青睐。

一、碎片信息时代：满足大学生信息获取需要

"碎片化"是指完整的东西破成诸多零块。抖音短视频一开始推出的"15 秒"时长设置决定了其内容的精简性，使内容呈现"短、快、精"的特点。抖音短视频 15 秒的内容比图片与文字的表达方式更丰富与直观，其包含的信息密度也较高。因此，抖音短视频契合大学生碎片化信息吸收、碎片化阅读习惯与碎片化时间利用。

---

① 冯智明. 身体消费及其多元呈现——以抖音、快手短视频中的个体展演实践为例 [J]. 西南民族大学学报（人文社会科学版），2020，41（11）：156 – 161.

1. 满足大学生信息获取效率

持续关注和学习最新信息是大学生的"基本技能"，学生以此保证自身能够与时俱进，不被社会淘汰，不与时代脱轨。但伴随网络发展，获取信息变得简单与便捷，每个互联网用户既是信息的接收者，同时也是信息的传播者；信息量变得庞大与复杂，且趋于分散。据加拿大微软公司研究报告显示，2000年普通人的注意力是12秒；在2013年随着智能手机、社交网络的发展，人的注意力下降到了8秒。根据Quest Mobile数据显示，我国网民尤其是年轻网民，注意力变得短浅和碎片化，抖音短视频的"短"抓住用户短时注意力需求。大学生学习工作生活安排紧凑，完成日常课程、社团活动后，所剩时间无几且呈碎片化，因而他们往往渴望以最短的时间，获取最有趣、最直接的有效信息。信息大爆炸背景下，要将全部信息都吸收是件难以实现的事情；抖音短视频将海量完整信息分解成信息片段，省去冗长的铺垫，呈现最有看点、最具精华的部分，这种影音结合的呈现方式让信息阅读与理解难度降低，加速了对内容的认知形成速度，高效率地满足了大学生全面、立体获取信息的需求。

2. 充实大学生碎片化时间

据数据显示，2019年上半年，我国网民的人均周上网时长为27.9小时，即单日人均上网时长约为3.99个小时；且短视频应用使用时长占11.5%，[①] 即单日人均使用短视频时间约为18.5分钟。利用碎片化时间刷抖音，已经成为半数用户的选择。大学生常常利用课间、食堂吃饭、逛街、等公交等零碎时间刷抖音、拍抖音、评抖音。在碎片化时代下，大学生甚至连沟通都压缩在碎片化时间，如通过社交软件微博、微信、QQ等社交。当前大学生处在高压状态下，通过

---

① 中国互联网络信息中心．CNNIC发布第44次《中国互联网络发展状况统计报告》［EB/OL］．中国互联网络信息中心，2019－08－29.

闲暇时间释放压力、娱乐已迫在眉睫。95 后作为抖音短视频用户的主力军，其中大部分都还在求学阶段，学习时间往往不只是每天 8 小时，剩下来的时间越发短暂和分散，使碎片化娱乐成为不二选择。抖音 15 秒短视频更符合大学生利用碎片化时间来娱乐的要求，它提供知识、萌宠、技巧、正能量等多元内容，通过音乐、特效、文字、图片、影像的结合，给大学生提供了一个快速、有趣、有效的碎片化信息，使其在零碎时间摆脱枯燥与乏味。这也是大学生短暂逃离现实的选择，在焦急等人时、学习疲劳时打开抖音能短暂缓解焦虑情绪；或是在公交上、地铁上既避免目光无处安放的尴尬，又消遣了无所事事的时光，还能及时行乐带来些许精神愉悦。

二、全民剧场：满足大学生自我表达欲

网络时代下，智能手机的普及、移动网络的便捷，致使网络话语权下放，每个人都可以是自媒体，每个人都有表达话语的权利。抖音短视频的内容生产模式，不再是单一的 PGC 或 UGC，而是 PGC + UGC 的创新模式，为内容生成与创作降低门槛，促进大众参与。在内容生成上，用户可根据抖音短视频提供的模板进行加工制作，如添加音乐背景、特效、滤镜、贴纸和文字等模板，自由地对信息加工与处理。在内容创作上，用户可根据自己的喜好创作主题，配上适合的图片或表演，使用户的观点、意见、才能与话语等充分体现出来。根据马斯洛需求理论：生理、安全、社会、尊重、自我实现这五个需求层次。在满足生理需求和安全需求后，一部分人在现实中无法满足其社会需求、尊重需求和表达自我的需求，将目光转移到社交媒体中；通过在社交平台中表达自己，来获得认可、尊重及实现自我价值。大学生通过抖音短视频释放自我、表达自我与塑造自我，以满足其强烈的自我表达欲望。

1. 释放自我，获取愉悦

当下生活节奏越来越快，大学生群体也难逃学习压力、自我提升与

工作择业等困扰，需要对这些心理压力进行释放和转换。大学生既可以是抖音短视频制作者，透过所创作的短视频传递欢乐、释放情绪，如通过制作一个简短独白短视频，表达内心的欢愉与苦恼；创作一个创意视频，展现与众不同的脑洞；发掘一个有趣的梗，彰显幽默灵魂。也可以是视频的观看者，通过观看收获美好与感动、宣泄压力与不适，如通过有爱视频，感受温暖；通过搞笑视频，开怀大笑赶走忧郁情绪；通过萌娃萌宠，收获一份天真无邪的欢乐……在抖音短视频中，人人都是平等的传播者，破除了现实中交往的界限和隔阂，没有现实生活中的等级、地位、身份区分，没有压力地尽情释放自我，收获一份轻松与自在。抖音短视频所提供的减压氛围，使大学生不管观看视频，还是创作视频都能暂时遗忘学习生活中的烦恼与压力，给压抑的心情一个放松的空间。

2. 展现自我，成为主角

抖音短视频去中心化特征模糊了传播主体的边界，用户既是内容生产者，又是内容观看者；且抖音短视频 PGC + UGC 的内容生产模式，充分尊重用户的个性，让每个人都能成为主角。欧文·戈夫曼曾提出"拟剧理论"：在生活中，可能会由于羞于表达、胆小怯事和不够自信等原因将自己隐藏起来，不敢表达自己而失去自我呈现的机会。抖音短视频提供虚拟社交空间，用户通过"表演"的身体语言表达，展现个性、才能与观点，将"主我"即本真自我呈现出来。在抖音短视频中人人都是演员，如扮丑、尬舞、段子、模仿等，在现实生活中又都是普通人。"爱演、爱炫、爱分享"是当代大学生的精神和心理需求，每个人都将自己的隐藏技能亮出来，充分展现自己的才华与能力，成为抖音短视频的主角。除此之外，人人都渴望一夜成名，抖音短视频为草根崛起提供渠道，造就了许多网红，如费启鸣、摩登兄弟等。在抖音短视频中，人人都有 15 秒成名的机会极大地刺激了青年的表达欲，一部智能手机和一个抖音客户端，成为用户通往成名的通行证，这对大学生来说是巨大的诱惑。

3. 塑造自我，获得认同

美国思想家谢克纳曾提道：表演是人类有意识展现自己的行为，[①]其表演内容是根据他人和社会以及自我的需求来决定的。抖音短视频为用户提供表演舞台，每个内容生产者都是表演者，用户在"前台"的表演是其个人形象的展现。在抖音短视频的自拍模式下，其个人形象为"表演性的自我"，始终接受双重凝视：用户"现实我"对"镜中我"的凝视；其他用户的"他者"凝视。一是通过"镜中我"，获得自我认同。抖音短视频用户通过自我定位选择合适主题，调整自己的语言、举止、服装等塑造自我；再利用抖音平台提供的美颜、滤镜、特效、贴纸、变换场景、音乐等美化自我，使得"镜中我"获得"现实我"的认同。美国社会学家库里也提到"镜中我"指：自我认同是经过他人镜子式的评价而进行不断调整和认可。"镜中我"是表演者对自我形象美化和修饰形成的虚拟"我"，以获得自我认同与满足感。二是通过"他者"反馈，获取社会认同。"他者"凝视是指：用户在拍摄过程中呈现的"我"是不自觉地去迎合其他用户的需求，以期达到他人认同。抖音短视频观看者的关注、点赞、评论、转发是对视频内容创作者的认可，同时也是对该视频用户的认可。表演者可以根据视频反馈，悉知外界的认可程度和喜爱偏向，以改变自己的视频输出的风格和真实动机，以记录"美好"的名义进行表演。通过"关注"与"被关注"建立自己的社交圈，并从中获取他人认同。

三、视听盛宴：引发情感共鸣

对于受众来说，抖音短视频火爆的本质原因是其内容能让人内心感

---

① 孙惠柱，高鸽. 理查德·什么是人类表演学——理查德·谢克纳教授在上海戏剧学院演讲 [J]. 戏剧艺术，2004 (05)：4-8.

受到满足与愉悦，能引起用户的共鸣。抖音"内容为王"的原则，给平凡普通的大学生机会以展现平凡的生活，贴近生活的素材拉近与观众之间的距离，引发共情效应。如通过搞笑方式反映主流价值观念，让大学生在欢乐中认可；通过分享生活小技巧，让大学生在舒适中解决烦恼；通过分享日常生活小美好，让大学生在快乐中找到生活乐趣。接地气的抖音短视频中让大学生看到与自己生活相近的场景，使观看者有一种在现实生活中与朋友相处的感觉，一起分享快乐、一起吐槽烦恼、一起分担忧愁、一起挖掘乐趣，得到精神上的抚慰，催生了学生的情感共鸣。

1. 音乐旋律，引发情绪共鸣

音乐是一种非描绘性的艺术，它是人们现实生活情感的反映，它能净化心灵、抒发情感与释放情绪。大学生对音乐、影像有天然的高热情和创造力。抖音将定位重点放在音乐和创新上，在滤镜、美颜、特效以及视频效果样式等方面投入大量精力，从而更大激发大学生参与、创作、录制的热情。抖音的火爆除了其炫酷特效、有趣内容等原因，音乐占据重要地位，音乐就像是短视频这道"菜"的调味料，去除后会让人索然无味、兴致顿失。据中国互联网络信息中心数据显示，截至2019年6月，我国网络音乐用户规模达6.08亿，占全体网民的71.1%，音乐社交形式是受众所期待的。抖音主推"年轻人的音乐短视频社区"，将音乐融于短视频社交中，既满足了用户对音乐的需求，又能建立起社交圈子，一举两得深受用户喜爱。如大学毕业时，一段动人的离别感言总显苍白，但若是配上《毕业季》《最后的夏天》《青春纪念册》《同桌的你》《那些花儿》《怀念青春》……经音乐的渲染，离别的不舍之情充分呈现，打动人心、不禁引人落泪。音乐作为表达情感的工具，能将视频内容的情绪充分表达出来，通过听觉强化观看者的情绪从而引发共鸣。同时，音乐也是抖音短视频让人上瘾的原因之一，抖音音乐排行榜上的爆款音乐更是魔性十足，总能让用户收获意外惊喜。

2. 素人创作，内容真实

素人，即平凡普通人。抖音短视频的 UGC 内容生产模式，素人作品得到了充分的展示。毕竟，不可能每一个人都是自带流量的"达人"或者"明星"，高校抖音流量池里最大的基数还是普通大学生。除了高校官方账号，大学生也成为短视频创作者中的"主力军"。抖音发布的《2020 抖音大学生数据报告》显示，2020 年，抖音在校大学生用户发布视频播放量，累计超过 311 万亿次，点赞量 1184 亿次，分享量 27 亿次。青年大学生通过日常化的服装与场景、真实的生活内容展现，也为大学生施展个人才艺和学术成就提供了成长舞台，这种"同辈"的表达，缩短了与其他用户的心理距离，更容易引发青年大学生的情绪共鸣。在抖音上，不断涌现出领域多元、内容扎实的"大学生达人"，其中即有@赵小黎、@碰碰彭碰碰 等展现艺术魅力的"文化达人"，也有华南理工大学在读博士@汽车头 、@清华博士汪史大爷 这样做科普的"知识达人"。人人手持麦克风，人人都可发表观点、分享生活、展示个性、传达话语，将用户平民化充分体现出来。此外，抖音平台设置的挑战和话题议程，吸引用户参与模仿，甚至在模仿基础上增添创意加以创新，成为新的原创作品。如 2020 年 7 月，抖音发起#你好大学生 活动，吸引了 14.4 亿次的播放，带动了一批大学生以 UGC 创作模式参与进来。每一个普通而真实的大学生个体都可能用自身创造力和才艺获得他人关注和赞赏。

四、社群文化：迎合社交需求

随着网络技术的发展，智能手机的普及，人们的社交行为发生了巨大的变化，由传统的"面对面"逐渐转变为"人机"模式，"年轻人"是抖音的用户主力，这也与抖音打造"年轻人的音乐短视频社区"的定位相符。当下，"刷抖音、拍抖音、评抖音"成为青年的时尚潮流，许多大学生在抖音中找到志趣相投的朋友结成社群，抖音也成了大学生社交场地。抖音营造的"年轻人聚集地"的氛围，既让大学生找到归属感，又满足大学生对弱关系社交的需求，并且符合大学生拟态社交行为。

1. 抖音让大学生获得群体归属感

日本社会学家岩原勉认为，"群体"是具有特定的共同目标、公共归属感，且存在着互动关系的复数个人的集合体。在高校，学生们组成一个群体，每位学生都属于大学生群体中的一员，这其中的个体会受到群体的影响，尤其是其所在的群体。在同一群体中，身边人的行为对其影响很大，当你周围的朋友都在用抖音时，你也自然而然地受其影响加入他们，以期能在交流和互动时有共同话题，能参与到所在群体的对话中。在抖音短视频中，用户脑洞大开，经常会出现新词、新梗、新段子等内容，并产生共同理解和共同语言。如"盘他"一词，"盘"的原意是文玩手串在人们手中通过反复摩擦捏压，让文玩外部变得更加光滑有质感，而在抖音短视频中是"弄他""玩他""修理他"的意思，还延伸出"万物皆可盘"的说法。一些大学生担心因没有参与抖音，在与同学交流时没有共同话题，与同学们产生隔膜，会出现被同学们疏离化、边缘化的心理纷纷加入抖音大军。伴随着大学生参与到抖音短视频的制作、评论、点赞当中，形成信息交流与互动，也让大学生对抖音群体产生了归属感。当大学生作为创作者时，其发布的抖音短视频获得其他用户的点赞、评论与转发，能让学生体会到被认同；当大学生作为观看者时，通过寻找评论区与自己相同的观点来获得归属感。因此，作为抖音短视频的"重度围观人员"与"热情的创作者"的大学生，通常称彼此为"抖友"，共同的兴趣和话题让抖音短视频逐渐成为大学生茶余饭后讨论的聚焦点。

2. 抖音满足大学生弱关系社交的需求

在网络社交软件中，微信占据了最多的用户与流量。据 2019 年 5 月腾讯财报显示，微信月活跃用户达 11 亿人，同比增长 7%。微信属于强关系社交，是用户在工作、生活、娱乐等活动中与他人建立起来的社交关系，大部分是相互熟悉的熟人，或者半生不熟的朋友。微信时代下，大学生的朋友圈中被亲人、朋友、同学、老师等交织在一起，使得熟人社交、私密社交、学习工作社交甚至是陌生人社交都混在一起，给大学生带来社交恐惧，开始寻求新的社交空间与方式。随着短视频的兴起，快手与抖音两大短视频社交软件的崛起，大学生开始由强关系社交转移到弱关系社交。强关系社交的压力是大学生逃离的主要原因，弱关系社交则成为大学生抒发压力、释放情绪的新型社交方式。

抖音短视频用户是以兴趣为图谱建立的社交关系，大学生根据自己的兴趣、爱好倾向选择内容，以点赞、转发、评论的方式表示认同，在这样的传播环境下，大学生不会产生拘束心理。而且，大学生在抖音寻求喜欢的、感兴趣的内容，追求的是这些内容带来某种"感觉"和"意义"，而不是其实际使用价值。在抖音短视频中弱关系社交可以随时建立，也可以随时解除，还可以被创作生产，这种无压力的社交既能扩大大学生社交圈，又能补充大学生学习生活和娱乐。打开抖音，通过对短视频观看、点赞、转发、评论就能参与到社交中，双方各取所需无利用、无金钱、无须维护的懒人式交互，让用户想来就来，想走就走的社交模式，充分实现了大学生弱关系社交的需求。而且，在抖音短视频中，很多大学生更喜欢围观，只是点点赞、发发评论，这种联系就是弱关系，通常让人感觉互动性很强，但彼此之间的关系呈现松散状态。

3. 抖音短视频满足大学生拟态交往需求

英国学者特伦斯·霍克斯曾提到，人在世界上的作用，最重要的是交流。① 拟社会交往也叫准社会交往，心理学家霍尔和沃顿在篇名为《大众传播与准社会交往——远距离亲密关系的观察》中提道：准社会交往不同于现实生活的社会交往，它是人们在接收或观看媒介时，人们与媒介人物或表演者产生的一种人际关系。95 后大学生作为互联网原住民，他们不想被现实生活的亲密关系所束缚，为摆脱孤独习惯于在网络上交往。抖音短视频为用户制造了一个虚拟社交环境，用户通过短视频的形式进行拟社会交往，通过点赞、转发、评论等行为进行互动，更是通过话题与挑战提高用户参与度增强用户互动性行为。抖音短视频给大学生拟态交往营造出：有人陪伴，却无须付出友谊的感觉。清华大学沈阳教授提出"拟态陪伴"：指将陪伴需求寄托于虚拟世界的现象。在抖音短视频中，大学生可选择的类型很多，有高颜值帅哥美女、萌娃萌宠、段子手、戏精演员、舞蹈者、歌唱家、摄影作品……总能找到自己感兴趣的类型，使得拟态陪伴变得更加便捷、具象、人性化。拟态交往使大学生在现实中缺失的交往得以填补，扩大交往圈子，不再局限于大学校园、同学老师之间的交往。

第三节 谋定而后动——抖音推荐机制的内在逻辑

抖音顺应了娱乐化视频媒介更迭的时代趋势，也凭借"专注年轻人的 15 秒音乐短视频社区"的垂直定位，引领着"音乐 + 视频 + 社交"的新风尚。从产品功能设计的角度来看，抖音自身优势明显，符合用户个性化表达的要求，契合大学生群体休闲娱乐的需要，因此，受到大学生群体的青睐。

---

① ［英］特伦斯·霍克斯. 结构主义与符号学［M］. 傅志强，译. 上海：上海译文出版社，1987：1.

一、刷内容：传媒革命联姻社交革命

抖音是互联网技术的产物，抖音 APP 将人脸识别、肢体识别和 3D 渲染技术应用到全景贴纸、尬舞机、AR 贴纸、3D 染发等创意中，为用户提供了更精致的视频拍摄和视频体验，是传媒技术的创造性应用。但传媒技术本身的革新并不足以支撑抖音的迅速走红，传媒与社交的高度融合才是抖音成为爆款 APP 的核心。脸书运营主管尼古拉·门德尔松（Nicola Mendelsohn）曾经指出："讲故事的最好方式其实是视频，这种内容形式为我们提供了大量的信息。"[1] 抖音通过推送好友在看的视频加强社交属性，满足用户的社交需要，用户在使用中可以获得他人喜好偏好，互相关注对方视频，评论点赞，将抖音成为第二个朋友圈。

契合当下正在发生的"传媒革命"，以"记录美好生活"为口号的抖音，正是在这样一个以视频形式讲述故事、记录生活的平台得到充分的生长。平凡生活中的点滴、大千世界的美好，都成为被记录的对象，配合上不同类型但又恰到好处的音乐，经过"鬼畜式"剪辑，短视频产生了"魔性"的传播力量。这样的内容满足了大学生对高雅文化、小众文化的向往，也契合扎根于现实的校园文化、通俗文化的认知，同时也是对主流文化的有益补充。与此同时，强大的传播力量激发了公众自我表达而不受限制的强烈意愿，获取信息与展开社交的需要同步"井喷"，引发了一场"传媒革命"与"社交革命"的联姻，为大学生强烈的自我展示渴望、热烈的社会交往需要，提供了广阔的平台。

二、刷评论：社交延伸增强用户黏性

"刷内容"本身仅是抖音作为传播平台为用户提供了可供消费

---

① Facebook 高管：文字分享将枯竭，5 年后或许全是视频［EB/OL］. 新浪科技客户端，2016 – 06 – 17.

的文化内容，而促进抖音完成从传媒平台向社交平台的身份转变的是视频评论。由于抖音用户群相对高学历化、年轻化，且一、二线城市用户群占比高，抖音评论区中常常出现各种脑洞大开、自带笑点的评论，令人捧腹的同时容易引起强烈共鸣，这便带来了视频交流后的社交二次延伸。评论是对视频内容信息再加工的过程，是对视频内容生产的主动参与。评论发表的不仅仅是一种见解，更是话题交流的重要形式。

与大众媒体单向传播的灌输式信息模式不同，网络时代催生的新媒介具有双向互动的优势。抖音 APP 主打社交功能，在评论、点赞、转发等方面满足着大学生的社交需要。这种互动方式与强关系连接的微信有所不同，抖音的互动性更多体现在普通人之间的弱关系当中，在彼此陌生的虚拟空间里，每个人都可以成为互动主体而不必考虑情感隐藏。此外，还可以通过关注自己偶像的抖音号随时随地实现追星愿望，留言与回复、点赞与被点赞，种种互动方式成为大学生无法"抵抗"的诱惑。从根本上来讲，这种情感驱动的认同是抖音成为新宠的重要原因。

从企鹅调研平台发布的一项数据来看，51.5% 的抖音用户热衷于看评论。[①]而抖音也顺势将热门评论置顶，确保用户点进评论区后即可看到最热的优质评论，这样的举措无疑激发了用户跟帖评论和在线交流的意愿，使得"刷评论"成为抖音重要的结构性内容，拓展了抖音的平台社交功能，同时也进一步增强了用户黏性与活跃度，将互联网的"口碑再传效应"发挥到了极致。

---

① 企鹅智库. 快手 & 抖音用户研究报告［R/OL］. 微信公众号"企鹅智库"，2018 - 04 - 10.

三、刷流量：精准地推加成明星效应

在互联网时代，"流量"指在一定时间内网络的访问量，以及手机等移动终端上网耗费的字节数，明星大腕显然能让网络访问流量以及手机等终端上网流量暴增，从 2016 年年底开始，娱乐行业频用"流量"来形容那些粉丝多、人气高、商业价值大的明星。因此，抖音通过集合流量明星艺人进行品牌推广，粉丝为自己的偶像"做数据"，下载抖音模仿与偶像相关视频，超高粉丝互动带来数据飙升，粉丝的超强消费能力也带来商业变现。

此外，抖音还赞助受众高度契合的节目以及利用其他手段进行推广，如 2019 年央视春晚的全民直播、春晚抖音瓜分巨额现金红包、抖音 iDou 夜年度狂欢嘉年华等。

抖音"神曲"成功助推抖音巩固了用户心中的地位。抖音切入音乐垂直领域，以广泛流传、魔性洗脑的歌曲作为视频配乐供用户选择，增强作品趣味性、感染力，在加深观众对歌曲记忆的同时，吸引用户利用配乐进行二次创作，再扩散，再创作……循环往复，掀起全民仿热潮。大学生更是不会错过任何一个爆款音视频。例如红极一时的《海草舞》《我们不一样》《学猫叫》……都离不开大学生的激情创作。

四、刷特效：数字造颜迎合青年审美

从瘦脸、亮眼、改眉到换唇色、变发色，自拍者在自拍、"美颜"与传播的过程中享受着身体主宰权的"最大化"，体验着社交资源的"最大值"，通过将自身的"自然存在"孤立出来，构成自己膜拜的对象。而对于观看者而言，通过读取他人自拍照片的图像信息来满足自身的窥私欲望、想象代入、情绪发泄或社交需求的形式，是一种"图像拜物"。因此，对于青年群体而言，自拍不仅是一种拍摄技术，还是技术所主导的认知范式、交往模式和生活方式的客观转变。

　　随着物质生活水平的日益提升，当代大学生对美和时尚的追求达到前所未有的程度。这不仅体现在真实环境中服饰装扮的多元化，更表现在网络虚拟空间呈现出的修图美化后面容身形的完美化。抖音短视频顺应了当代大学生尤其是女生对美的追求，在拍摄视频功能中增添了滤镜、美颜、贴纸元素等后期制作环节，操作简单易上手，实现着年轻人展示美好自我的愿望。变脸特效、长腿特效、慢动作特效等"奇葩"特效层出不穷，更加满足了大学生的好奇心与猎奇心理。此外，当代大学生追求思想独立，标新立异、"个性解放"，抖音不仅提供了新鲜丰富的短视频资源，还为年轻人展示自我创造了空间。例如，灵活自如的视频"一键上传"功能，使得大学生通过手机屏幕展现或俏皮可爱或搞怪时尚的另外一面，这种与日常生活相区别的形象呈现，实际上迎合着学生释放天性、追寻真我的内心世界。学生可以沉浸在模仿表演的娱乐放松之中，也能够迷醉于成为"网红"的造梦时空里。正因如此，对于抖音这样一款新兴短视频社交软件，他们乐于使用、喜爱有加。

第六章

内容为王：打动学生，吸引眼球

习近平总书记在党的十九大报告中指出："加强互联网内容建设，建立网络综合治理体系，营造清朗的网络空间。"当前短视频行业正处在快速发展时期，打造清朗网络空间、弘扬网络正能量，重视和提升短视频内容的传播质量尤为重要。① 短视频平台逐渐成为人们生活中不可或缺的媒体应用，其中有巨大的商业利益和社会价值，这使众多的短视频平台如雨后春笋，同时也使竞争逐渐增大，一个短视频平台能否成功，关键在于网络视频生产的内容。有内容才有受众，有受众才有市场，有市场才有利益，有了利益就能够生产更好的视频内容，吸引更多的用户，创造更大的价值，所以内容决定一切，那么内容生产这个环节也显得尤为重要了。② 据相关数据显示，68%的人表示他们最喜欢通过观看短片来了解新产品或服务。这使视频作为学习工具比基于文本（15%）、图表（4%）、演示文稿（4%）、电子书和手册（3%）的文章更受欢迎。短视频领域已成为当下文化传播、思想交锋的重要场域。

作为高校官方抖音平台，应坚持"传播内容有品质，服务师生有温度"，主动设置正面议题，牢牢把握舆论风向，讲好校园好故事，传

---

① 蔺玉红，齐佳音. 建立网络综合治理体系应重视青年群体参与［N］. 光明日报，2018－02－19（03）.
② 李肇. 新媒体时代视频网站内容"把关人"角色初探［J］. 中国报业，2019（02）：25－27.

递校园好声音，切实提升优质原创内容的策划和生产能力。那么，于高校而言，内容要从何而来呢？

第一节 传播主流价值文化

新媒体应紧跟时代步伐，创新传播策略，提升传播效果。① 抖音短视频凭借着内容多、广、新、热、短，传播碎片化等特色在众多短视频中脱颖而出，成为传播社会主义核心主流价值文化的重要场域。为了拓宽主流价值文化的传播场域，高校思政工作者有必要在抖音短视频与主流价值文化的融合共生方面下功夫。促进抖音短视频与主流价值文化的融合共生，不是无源之水无本之木，不是简单地随大流，它们有着鲜明的价值定位，是传播主流价值文化的因时之举，是促进抖音短视频健康发展、维护网络安全的因势之需，是满足青年大学生日益增长的美好生活需要的因事之义②。

一、"有意义 + 有意思"，升华精神内核

作为多样思想观点的聚集地、多元价值观念的交汇点、多种文化形态的交流场，抖音短视频离不开价值引领，必须以社会主义核心价值观为"灵魂"，为"导向"；③ 社会主义核心价值观要像空气一样无处不在，也需要抖音的大力支持，因此，高校思政工作者运营抖音账号必须

① 周敏，江作苏．短视频传播主流价值观的创新路径［J］．新闻战线，2018（10）：2 – 4.

② 唐亚阳，黄蓉．抖音短视频与社会主义核心价值观的融合共生：价值、矛盾与实现［J］．湖南大学学报（社会科学版），2019，33（04）：1 – 6.

③ 李琼，周勇军．新媒体时代大学生社会心态及培育研究［J］．人才资源开发，2017（10）：127 – 129.

坚持有意义与有意思并重的内容导向，促进抖音短视频与社会主义核心价值观全方位、全过程、深层次的融合共生，同向同行。

　　一方面，以社会主义核心价值观为主导引领抖音短视频发展，确保抖音内容有意义。抖音短视频已成为一种网络文化形态，价值观作为文化最深层的要素，决定着抖音的性质和发展方向，价值引领是促进抖音健康发展的培根铸魂之举,① 必须把社会主义核心价值观作为抖音短视频深入发展的压舱石、定盘星和度量衡。实现社会主义核心价值观对抖音短视频的主导和引领，特别需要把握几个关键点。一要引导青年大学生正确认识抖音。纠正青年大学生为娱乐而娱乐的心理，消除青年大学生在抖音上可以为所欲为和完全放飞自我的错误观念，纠正青年大学生关于抖音短视频是价值飞地和道德空地的错误观念。二要提升青年大学生刷抖音的行为层次②。帮助青年大学生清楚哪些值得"抖一抖"，哪些行为必须摒弃，引导青年大学生重视抖音短视频对个人自由全面发展的价值，充分利用抖音丰富个人生活，提升个人情趣，提振个人精神，正确处理抖音的工具理性与价值理性的关系，指引青年大学生共商共建共享美好的抖音空间，把抖音打造成有意义的正能量充盈的满足青年大学生美好生活需要的场域。

　　另一方面，将抖音短视频作为传播社会主义核心价值观的新场域。将社会主义核心价值观融入抖音生产、传播、运营的各个环节，体现在点评、点赞、关注、转发的各个方面。将抖音短视频打造成为传播社会主义核心价值观的新场域，我们需要在以下几点下功夫。第一，将宏大叙事与生活叙事相结合。如果脱离现实生活，用空洞抽象的宏大叙事方式去传播社会主义核心价值观，会让社会主义核心价值

---

① 魏景荣. 新时代青年思想政治教育的路径思考——以习近平重要论述为视角[J]. 改革与开放, 2019 (11): 90 - 93.

② 武敏. 当青年一代习惯刷抖音, 对全面阅读来说是好还是坏? [EB/OL]. 上观新闻, 2018 - 08 - 28.

观有高高在上之感，导致传播实效低下；如果缺少宏大叙事，一味采取生活叙事的碎片化方式，可能会导致我们泥陷于现实世界的琐碎小事，而忘却对"可能世界"的观照和价值追寻，社会主义核心价值观难以展示出持久的力量和崇高的魅力，难以产生感召和激励作用。因此我们要将宏大叙事与生活叙事相结合，既做到从大处着眼，又做到从小处着手，防止社会主义核心价值观的崇高性和整体性在碎片化的生活叙事中被消解、被解构。第二，将显性传播与隐性传播相结合。加大社会主义核心价值观显性内容在抖音短视频上的传播力度，确保社会主义核心价值观的系统性整体性传播。同时，用青年大学生喜爱的文化符号、修辞手法，辅以 15 秒音乐互动演绎出核心价值观的有意思，实现其隐性传播，增强其吸引力。[1]

比如，专业内容是相对枯燥的，而教师的讲课风格与之相比是较为灵活的。面对无法改变的专业知识，教师能做的就是个性化讲解，即在授课过程中融入新媒体技术，化繁为简，变无趣为生动，激发青年大学生兴趣，开拓青年大学生思维。高校学生在一体化课堂的学习过程中，教师可把任意一项任务中的任意一个环节的知识点的陈述和技能点的操作，融入"抖音"短视频，制作出具有创造价值的微视频短片，在小组展示环节中进行播放并上传"抖音"视频网站，以时间期限为评判标准，谁在线上获得的点赞最多，那么哪一个组或个人的视频将会被作为最具意义价值的视频进行推广。对于点赞内容的评价，不仅是同学之间，而且是在整个视频社交平台上，越多的点赞越证明该视频的价值所在。这样以教学为目的的"抖音"视频课堂会让高校学生增进信心，提高自主学习的能动性。通过内在课堂和外在评价，促进高校学生积极主动地学习。

---

① 唐亚阳，黄蓉．抖音短视频与社会主义核心价值观的融合共生：价值、矛盾与实现［J］．湖南大学学报（社会科学版），2019，33（04）：1-6．

二、"有传统＋有系统"，凝聚传播合力

高校思政工作者和青年大学生为不一样的思想主体，审美趣味也迥异，传播路径也截然不同，而抖音短视频为二者的结合提供了绝佳平台，为凝聚合力，增强核心价值观的传播力，高校思政工作者和青年大学生的双主体创作模式将传统的思想政治教育与新型的媒介技术相结合，达到1＋1＞2的效果。

一方面，坚持高校思政工作者的创作方式，鼓励高校思政工作者创作内容与形式俱佳的抖音短视频，发挥教育者传播社会主义核心价值观的主导性。高校思政工作者发布作品可涉及为爱国者讴歌、为奋斗者鼓掌、为十九大以来我国伟大成就点赞等，成为传播社会主义核心价值观的重要场域。[1] 高校思政工作者应强调内容主体的专业性，发挥高校媒体传播社会主义核心价值观的主导性喉舌作用[2]，切实承担举旗帜、聚民心、育新人、兴文化、展形象的使命任务，特别需要把握以下几点。一要"积极抖"。高校思政工作者要因势而谋、应势而动、顺势而为，积极加入抖音，抓住抖音短视频这一风口，充分利用抖音短视频用户规模大、年轻用户占比高、形式更易于接受等特点，积极开展正面宣传引导，旗帜鲜明地弘扬社会主义核心价值观。[3] 二要"正确抖"。高校思政工作者要在严肃与娱乐化之间寻找平衡点。严肃说教式宣传行不通，但一味追求新鲜另类的"花式抖"，可能会消解教育者的严肃性，造成适得其反的效果。高校思政工作者要积极捕捉正面内容，用富有人情味

---

① 刘良模．社会主义核心价值观传播场域互构——基于对官方与个人微博账户的比较分析［J］．东南传播，2016（03）：44–46.

② 王晶．网络媒体传播社会主义核心价值观的方式与机制研究［D］．西安：长安大学，2014.

③ 旷实，杨艾莉．抖音：切入音乐短视频垂直领域，年轻化视频社区变现潜力大［R/OL］．微信公众号"广发证券研究"，2018–01–31.

的方式和形态来表达，生产出更多"沾泥土""带露珠""冒热气"的短视频，让其抖音号的风格更加吸引人、打动人，社会主义核心价值观也传得更开、传得更远、传得更广，为其他青年大学生玩抖音树立榜样，发挥"头雁效应"。①

另一方面，青年大学生是抖音上自觉能动的主体，只有组织、协调、引导青年大学生积极主动地参与抖音的创作、传播、欣赏、评析，才能使抖音成为青年大学生思想政治教育的创新载体，释放出抖音巨大的正能量。② 因此，高校思政工作者要加强对青年大学生参与抖音创作、传播、欣赏、评析的策划、组织、激励和引导。通过开展内容丰富、形式多样的抖音线上活动，调动青年大学生用户在抖音创作上的积极性、主动性和创造性，尊重和发挥青年大学生用户在参与抖音过程中的主体作用，激发青年大学生的抖音创作欲望和潜能，使青年大学生在参与抖音中释放、分享和获得正能量。③ 共青团中央联合抖音在世界戏剧日开展的"我要笑出国粹范"抖音挑战赛；在五一劳动节开展的"这是你的第几个劳动节"抖音挑战赛，重庆市共青团开展的"抖出你奋斗的青春，抖出越来越自信的你"抖音挑战赛，兰州市共青团开展的"让青春抖起来"抖音挑战赛，武汉市共青团开展的"寻找武汉最美高校"抖音挑战赛，④ 等等。这些正能量的抖音挑战赛就是很好的探索和尝试，有效地将抖音的教育性与娱乐性结合，使抖音创作由自发的活动变为自觉的活动，由个性呈现的活动变为组织引导的活动，由自我展现的活动变为自我教育的活动，成为激励和引导青年大学生集体参

① 李思辉．"文物表情包"展现了严肃与娱乐的冲突美［J］．课堂内外创新作文（高中版），2019（08）：62．
② 马源鸿，曹云忠，方佳明．移动短视频社交平台中的价值共创机理——基于抖音短视频的案例研究［J］．电子科技大学学报（社会科学版），2018，20（04）：8－12．
③ 任然．抖音中的视觉奇观与对外传播［J］．青年记者，2019（23）：81－82．
④ 共青团中央宣传部联手抖音弘扬国粹 短视频成传播新模式［EB/OL］．中国网，2018－04－08．

与、自主体验、亲身感悟和美好追求的有效方式。当然，青年大学生判断是非的能力尚未完全成熟，在他们参与抖音创作、分享、欣赏的过程中，仍离不开教育者的引导。因此，激励师生携手共同参与创作、赏析，把教育者的主导作用和青年大学生的主体作用结合起来，在高校思政工作者指导下引导青年大学生充分发挥抖音创作、分享、赏析的主体性，更好地释放抖音引导和激励青年大学生追求真善美、承担新使命的正能量。①

三、"有品质 + 有品牌"，发挥引领作用

作为当下最火爆的短视频 APP，抖音要想获得积极而持续的发展，必须在传播快乐的同时积极弘扬主旋律，传播社会正能量。尽管抖音平台是以"视频 + 音乐"为主要传播模式，但在时长不超过一分钟的短视频中，依然有着很大的创新空间。② 抖音短视频在表现力、体验性方面非常符合受众的审美诉求和阅读习惯，不仅能够提高传播效果，而且能够优化传播体验。此外，抖音平台的用户基本为 90 后和 00 后，年轻化特点鲜明。据统计，在抖音平台，30 岁以下用户占比高达 90%，而这些用户更喜欢观看轻松幽默的内容。③ 因此，在视频形态方面，高校思政工作者应该结合实际，在全面掌握抖音传播特点与规律的基础上，积极开发校园短视频、时政短视频、寓言短视频等形式，以青年大学生喜闻乐见的形式传播正能量，打造多元化、开放化传播矩阵。在 2019 年高考期间，诸多高校抖音账号推出了许多欢乐搞笑的短视频，如为高考学子加油、明星送祝福、报考专业指南、跳"满分舞"，等等，形式

---

① 唐亚阳，黄蓉. 抖音短视频与社会主义核心价值观的融合共生：价值、矛盾与实现 [J]. 湖南大学学报（社会科学版），2019，33（04）：1 - 6.
② 郭军. 抖音短视频要抖出新风采 [J]. 人民论坛，2019（23）：56 - 57.
③ 超越 YouTube 和 Instagram，抖音为何能收获无数 95/00 后的心？[EB/OL]. 虎嗅网，2017 - 12 - 05.

多样、轻松愉悦，但都充满了正能量，赢得了许多青年大学生的喜欢。

此外，思想政治教育靠的是通过生动、丰富的内容来教育人、引导人、打动人①，在抖音上要坚持内容为王，在丰富和传播正能量视频上下功夫。高校思政工作者不仅要将社会主义核心价值观内容网络化、视频化，积极打造主旋律题材的动漫作品，大力弘扬中华优秀传统文化、革命文化和社会主义先进文化，而且也要把礼赞改革开放、展示大国形象、讴歌劳动人民、展现师生风貌等富含思想政治教育价值的丰富内容素材和传播正能量的视频放进抖音里，做到"通俗但不低俗，文化而不讹哗"。② 同时，高校思政工作者运营抖音也要坚持文化导向、价值导向，不断自我革新、自我完善。模范的力量是无穷的，要积极发挥先进模范的激励和引领作用，挖掘身边感动人物、优秀青年大学生等鲜活的内容素材，用模范的力量引领青年大学生玩转抖音，奏响新时代的主旋律。让抖音发挥传播正能量、弘扬主旋律的积极作用，让抖音上的青年大学生在积极的社会认同中获得正面的力量。

抖音账号"毕导"叫毕啸天，曾是清华大学化工系辅导员，截至2020年5月已有109.7万粉丝，获594.8万赞。用热力学原理论证秋衣秋裤怎么穿才更保暖；用数据对比分析和物理实验教人们DIY "防霾利器"抗击雾霾……一年多来，毕啸天以"毕导"之名乐此不疲地在抖音短视频上传播各种奇思妙想。用科学知识写"好玩段子"的方式也让他在网上收获了大量粉丝，晋升为新一代"网红"。③ "网红"的身份让他在担任学校辅导员时"更接地气"，更容易跟学生打成一片。各

---

① 王天意. 高校思想政治教育的互动性、生动性和丰富性［J］. 青年文学家，2010（21）：107.

② 郝振省. 传统文化·革命文化·先进文化的双层结构及其作用［J］. 出版发行研究，2019（04）：1.

③ 魏梦佳，王晓洁，樊攀. 清华网红毕啸天："科学段子手"教你抢红包［EB/OL］. 新华网，2017 - 01 - 29.

地的学生还会经常在网上跟这个清华辅导员吐槽各类问题，如寝室矛盾、恋爱分手、报考清华等。他都会在后台认真作答，工作量陡增。

第二节　说好身边校园故事

习近平总书记在主持召开中央深改组会议时强调，供给侧改革必须突出重点，对准焦距，找准穴位，击中要害，让广大人民群众在改革中有更多"获得感"。对于思想政治教育工作而言，以学生为导向，增强内容供给，突出学生在受教育过程中的获得感。思想政治教育实效性不足，并非传递的价值有问题，而是表达价值的方式不尽合理，没有把中国故事说好、说透，说得喜闻乐见。[①]

抖音85%的用户来源于90后，其社区化运营的特点与青年大学生相对封闭的社交环境非常贴近。[②]

高校媒体账号也纷纷入驻抖音，中国人民公安大学、上海音乐学院、西南交通大学等高校媒体均先后开设了抖音账号。这些高校的抖音视频具有新鲜、趣味、搞笑、潮、文化调性高的特点，是非常受青年群体欢迎的。[③] 如何在抖音说好校园故事，应当把握以下五点。

一、易分享

所谓"易分享"，即激发抖音的观看者向他人分享共同观看体验，

① 包雷晶. 论社交媒体环境下网络思想政治教育的有效性［J］. 思想理论教育，2017 (03)：79 - 82.
② 抖音最近有点 sui?! 校园抖音营销还能不能玩？［EB/OL］. 微信公众号"文安在线"，2018 - 12 - 13.
③ 张洋洋. 正在"抖动"的校园，我们分析了40余所高校的抖音号［EB/OL］. 微信公众号"ONE 学长"，2018 - 08 - 03.

并通过网络评论表达意见。激发用户的分享行为，达到的效果已不仅仅是单个的叠加，而是几何级数的增长。有一种很传统的想法，认为阅读需要大量的时间、非常悠闲的心情，要放松下来。但现在好像想同时满足这两个条件很困难，于是就有了刷屏手机网络的这种快速阅读，碎片化阅读。① 抖音短视频以较短的长度让这类内容非常"轻快"，随着移动通信建设越发完善、流量也没那么贵了的今天，抖音短视频靠着这种直观的刺激方式给文字类内容带来了很大的冲击。无论从所需的生产成本，还是从观看成本来说，都要比长视频小得多，也更有利于分享传播。② 在学者陈献勇、骆梦柯的一项调研中显示，抖音用户分享意愿会受到很多因素的影响：（1）用户的期望受益在用户分享意愿中影响更大，其中用户对于"自我效能"和"社会融入"的需求会促使用户产生进行转发和分享的行为；（2）内容质量对于用户的分享意愿影响较大，其中"内容的实用性"在用户进行转发或分享行为时起着重要作用，反而"生动性"和"趣味性"的影响效果较小；（3）信任感知对于用户分享意愿影响较小，用户对于内容质量的信任会影响用户的信任感知。③

抖音账号"西安思源学院"单条视频#运动会 最高点赞数高达32.4万，"陕西师范大学"和"渭南师范学院"，话题#毛笔手写录取通知书和#别笑！这是一支悲伤的舞 点赞数皆超过5万。由此可见，有创意、有文化、有乐趣的视频都值得让大家一刷再刷。此外，"西安翻译学院"#运动会转发919次，"陕西理工大学"#瞬间转移和"西安思

---

① 戚轩，瑜唐杨．徐则臣：建议利用碎片化阅读时间阅读纸质书籍［EB/OL］．新华网，2018－07－14.

② 关于抖音，这应该是全网最深度的分析［EB/OL］．微信公众号"人人都是产品经理"，2018－04－30.

③ 陈献勇，骆梦柯．社会化媒体分享意愿的指标构建与实证研究——以抖音用户转发行为为例［J］．情报探索，2020（12）：50－57.

源学院"#嘟啦 Dura 舞的转发数分别为 874 次、831 次。这几条高转发数的视频皆具有各自突出的学校代表性，再赋予其具有热度的话题，便引起了广泛的传播与交流。如@ 厦门大学嘉庚学院 作为独立学院，粉丝数突破 20 万，视频内容故事化、可模仿、易互动，十分贴近青年大学生的生活。在对这些优秀的高校抖音账号进行浏览后，发现各高校都有不同的运营风格和手段。如潍坊科技学院的抖音账号运营注重娱乐性、全民性、互动性。其视频内容贴近生活，呼吁全员参与，校领导、老师、运动会的裁判、保安、工作人员皆加入视频拍摄队伍中，更具娱乐性和观赏性，拉近了与受众的距离。该校单条视频最高转发量达 1万 + 。

二、乐推荐

2016 年，习近平总书记在党的新闻舆论工作座谈会上强调："要适应分众化、差异化传播趋势，加快构建舆论引导新格局。要推动融合发展，主动借助新媒体传播优势。要抓住时机、把握节奏、讲究策略，从时度效着力，体现时度效要求。"[①] 这是对中国媒体传播力的明确要求。夯实传播力，关键在于把握好传播关系，精准定位受众的接受心理、习惯，占据主动、积极回应，这是技能，也是学养和功力的反映，更是一种理性自觉的彰显，唯其如此，才能持久构建起良好的传播关系，切实提升媒体的传播力和话语影响力。[②] 在抖音中，最直观的推荐方式即点赞，通过点赞这一行为，为视频内容聚拢大量流量，从而将其推为"爆款"。而所谓"乐推荐"，要把传播的文化情怀和受众的心理情感相结合，触动受众，与其产生"同频共振"，从而促使个体的点赞推荐，

① 杜尚泽. 习近平在党的新闻舆论工作座谈会上强调坚持正确方向 创新方法手段提高新闻舆论传播力引导力 [J]. 世纪行，2016 (02): 2 - 3.

② 王蕾. 基于受众心理的广播新闻编辑创新探讨 [J]. 传播力研究，2018，2 (03): 83 - 84.

扩大传播内容影响力。

　　青年大学生是抖音上自觉能动的主体，只有组织、协调、引导青年大学生积极主动地参与抖音的创作、传播、欣赏、评析，才能使抖音成为大学生思想政治教育的创新载体，释放出抖音巨大的正能量。① 一些正能量的抖音挑战赛就是很好的探索和尝试，有效地将抖音的教育性与娱乐性相结合，让青年大学生在参与抖音创作的过程中乐于推荐，更好地释放抖音引导和激励青年大学生追求真善美、承担新使命的正能量。

三、有话题

　　话题，顾名思义，指谈话的题目或者谈论的主题，是谈话的中心，其实也就是我们日常生活中关注和讨论的各种事件的概括。② 话题也经常与其他词组合在一起，如话题传播、话题营销等。话题功能是抖音社区化的一个策略，发布话题挑战以引导用户共同参与，往往一个话题火了之后会引发无数人的跟拍，从而集聚流量和关注度。其中话题发布有两类主体：一类是抖音官方发布，另一类是用户个人创建话题，话题往往以"#"为标志。

　　抖音短视频会定时更新热点话题，以便大家参与讨论和互动。③ 所谓"有话题"，则需要事件在本体传播和外延谈资的二者结合中，与人们的生活建立关联，才能保持传播生命力的持续。有学者研究了清华大学、浙江大学、北京大学、上海交通大学和武汉大学五所高校官抖，点赞 >5 万的视频中话题类占比都高于50%，最高达95.2%，可以看到高校官方抖音建设团队都深谙此道，利用话题功能快速集聚用户关注度。

---

① 范成龙，李冉冉. 青年"抖音"现象的文化逻辑及其行为引导 [J]. 河北青年管理干部学院学报，2018，30 (05)：21 – 26.
② 邹继欣. 浅谈谈话类节目的话题选择 [J]. 新课程 (中旬)，2013 (09)：165.
③ 马海燕. 短视频社交软件的受众心理研究——以抖音 APP 为例 [J]. 新闻研究导刊，2018，9 (05)：59 – 60.

除了共有的一些话题"#官抖要有范儿""#du 是开学新知识""#招生宣传哪家强""#军训 dou 出彩",高校还会发布具有特色的一些话题,比如武汉大学以樱花闻名,所以它发布过"#想约你去领一场樱花雨""#武汉大学樱花节"等樱花系列话题。①

如音乐"98K"风靡当下,动感的音乐总能激起观众的兴趣。西北工业大学就以"98K"为背景音乐,结合专业知识拍出一段宣传视频。飞行的战斗机,上升的火箭,下浅的潜艇……纷纷出镜。不仅与当今热门的国防话题紧紧相连,为观众最大限度还原了神秘庄严的国防武器,而且展示了该高校的优势专业,吸引更多学生报考。② 这种与人们生活关联性强的内容既起到了答疑解惑的效果,也更容易成为受众自主传播的话题。

四、可互动

"只有互动,才能产生关联"。"关联性"使受众对内容形成关注,增强了用户与内容的联系。③ 因此,互动在新媒体传播上成了不可忽视的一个要求。例如,在中南大学抖音号上,法学院学姐为新生们送上"忠告":"学习法律的话,首先你得拥有一头比较浓密的秀发。"一名法学院新生在底下评论:"没有浓密的秀发怎么办,要掉很多头发了。"湖南大学的抖音号里,军训是重要内容之一。军训期间新生跟着教官背诵《离骚》《岳阳楼记》等古文名篇,新生带来 freestyle 的 rap 说唱,学长学姐拿着可乐"诱惑"站军姿的新生……这条短视频得到了 1.3 万的点赞。夜色中,教官带着新生一起背诵古文名篇,满满的正能量。

---

① 杜进,王伶妃.五所名校如何玩转抖音［J］.中国教育网络,2019（12）:79－80.

② 轩中.中国有代表性的人工智能手机应用排行榜［J］.互联网周刊,2018（18）:64－65.

③ 王鲁峰,王碧莹,张玉珊.高校微信公众号的传播与互动研究——基于 15 个高校微信公众号的个案分析［J］.新媒体研究,2019,5（01）:17－22.

五、够温情

体现人格力量、人间温情的感人善举在抖音上关注度很高。温暖人心、充满正能量的抖音视频有助于为青年大学生营造和谐、进取的校园成长氛围；建立宽松、清新、充满人性关怀的校园文化；抖音短视频话题"#大学生日常"专门收集各类高校新鲜趣事，为高校生活增添了一抹亮丽的颜色。抖音账号"湖南师范大学团委"发布一条关于手绘师大的短视频，原来是因为该校青年传媒中心曾在迎新群里接到很多新生都有询问学校里各教学楼的方位及路线，一名资源与环境科学学院的学生便自愿重新绘制了一份师大地图。在这份地图的基础上，又叠加了几张"手绘师大"的创意图片，从而也成了湖南师范大学团委 2018 年的迎新视频。网友评价"人心是暖的，这个学校也是暖的"。

第三节　道出需求引发共鸣

抖音短视频已然成为人们网上交流的虚拟社区，但又与人们的现实生活保持着千丝万缕的联系。① 社区是一个饱含内容，同时让人与人之间不断产生交流互动的空间。社区里的内容要承担提供信息、提供交流触发条件的责任，而抖音这种 UGC 模式里的内容还承担了让用户被关注、被理解、被认可、被羡慕的责任。② 人对情感共鸣的需求为最，所以人是最需要表达、交流互动的生物，而社区就是解决人这些需求的空间。同时人与非亲近的人之间有天然的心理隔阂，所以交流互动需要有

---

① 马海燕. 短视频社交软件的受众心理研究——以抖音 APP 为例［J］. 新闻研究导刊，2018，9（05）：59-60.

② 带你逃离抖音魔怔［EB/OL］. 微信公众号"磐厚财经"，2019-02-01.

更好的基础。基础应该是什么呢？基础就是让人觉得其他人隔阂被消除了，简单来说基础就是人与人生活、思想上交集的那一块石头，大家有机会站在同一块石头上了，便亲近了。①

"社会和心理原动力产生需求，为了满足需求就产生了接触媒介的期望，通过对媒介的接触满足原需求的同时产生了其他结果。"② 因此，高校新媒体运营者若想玩转抖音，道出高校学生需求，就要深入探究高校学生的使用需求，弄清楚是怎样的社会和心理原动力驱使高校学生产生使用抖音短视频的需求，这些需求在使用抖音短视频的过程中又是如何得到满足的。

一、生活规划

抖音短视频的作品中，有很多是讲解知识、介绍生活创意、提供小妙招的内容，因此，也有一部分用户使用抖音短视频的动机是提升自己的知识广度、生活技能等。③ 按道理，学校有可能是唯一一个社会中将学习（尤其是知识的学习）当作主要内容的地方。但对于一部分高校学生而言，学习是无味的。

一方面，因为高校学生长期以来所受的教育都是把学习和考试、成绩等同的，考得好有成就感，一再挫败就不太好了。而且，除了知识方面的教育成果以外，其他方面的成果很少被严肃对待，至少不是和知识同等重要。换言之，"学习"本身被大大狭隘化了。另一方面，也因为日常教学中老师很难将所有知识讲得生动有趣以便吸引高校学生和激发

---

① 抖音凭什么让你沉迷？［EB/OL］. 微信公众号"人人都是产品经理"，2018 - 07 - 14.

② 高存玲. 移动端短视频 APP "使用与满足"研究——以快手 APP 为例［J］. 新闻知识，2016（12）：3 - 6.

③ 孔宵. 基于网络民族志调查的"抖音"短视频 APP 用户研究［D］. 济南：山东大学，2018.

兴趣，而高校学生往往被"兴趣是最好的老师"等类似的观念所吸引，很少知道学习像生活中的很多事情一样也需要耐心和毅力去应对很多普通、缺乏激情的事情。信息时代，校园与社会没有了传统意义上的隔离感，所有的道理扑面而来。

因此，高校运营者玩转抖音短视频应树立一个积极向上、传播良好心态的形象，上传一些平时与高校学生相处过程中发生的故事，也可以是感受、知识、观念，甚至是兴趣。这样，高校学生才愿意关注你的账号，并保持对账号内容更新的期待感，也让高校学生看完视频，能够收获一些有价值的启示。①

二、就业创业

大学生创新创业能力的发展是为了适应时代，十九大报告提出关于增长转型的要求，要想顺利完成新转型，我们必须促使经济发展从"要素驱动"快速变为"驱动战略"，以上需要创造性人才的支持。②针对国家促进创新创业的要求，培养大学生创新创业本领，有助于创新型择业观的形成，也将为我国实施和深化人才强国、科技兴国、创新发展战略给予保障。③随着大学实行大批量的扩招和产业升级，许多学生面临择业难题。全面深化"双创"教育改革，高校教育要与时俱进，不仅要注重专业知识教育，也要在大学生就业问题上进行专业的指导教育。高校思政工作者应在抖音短视频运营过程中多融入关于创新创业的内容，帮助大学生及早规划职业生涯。

---

① 赵丛敏. 爱奇艺视频网站的发展现状及对策探析 [J]. 金融经济，2016（22）：34-36.

② 何星亮. 不断满足人民日益增长的美好生活需要 [EB/OL]. 微信公众号"人民日报理论"，2018-02-15.

③ 李新仓，陈杨杨. "双创"背景下大学生就业观提升策略研究 [J]. 黑龙江教育（高教研究与评估），2019（03）：75-76.

三、人生导向

当代青年大学生的生活没有计划体现在多方面：饮食、作息时间安排、生活费的使用。特别是生活费的使用不加节制大手大脚，往往到月底会发现没有钱了，不好意思再问爸妈要，然后会想尽一切办法，甚至求助非法的小额贷款，从此走上不归之路。在高校学生的心智成熟之前，任何形式的说教、劝诫，都不会起到作用。必须要正视教育中所出现的问题，好的教育是适度地刺激高校学生的大脑成熟，而不是将他们视为婴孩照管起来。

一条抖音短视频是否最终成为爆款，不仅仅取决于其内容本身的文本品质与特性，也与其所处的具体传播环境息息相关。① 高校教师和青年大学生之间是教与学的统一体，师生之间尤其是青年教师与学生之间，会有很多共通之处和共同语言。通过抖音短视频，以更接地气、更亲和的方式，讲述平常那些"干干巴巴""麻麻赖赖"的"客气话"，如以过来人的身份，通过妙趣横生的段子式视频拍摄，谈谈怎么让自己的大学生活过得充实而不留遗憾、遇到尴尬事如何向老师寻求帮助等。树立良好的内容创作意识，避免过度娱乐化、低俗化的内容出现，用生活化、日常化的事例，一方面引起共鸣更容易形成二次传播，吸引青年大学生点赞、评论、转发和关注；另一方面把社会主义核心价值观融入短视频宣传中，充分体现出高校教师在网络意识形态阵地上的传播力、引导力、影响力，传递正能量②。

---

① 常江，田浩 . 迷因理论视域下的短视频文化——基于抖音的个案研究［J］. 新闻与写作，2018（12）：32 - 39.

② 吴伟锋 . 网传短视频中挖掘传播正能量的"党报路径"——从湄洲日报社一篇获省新闻奖一等奖作品谈起［J］. 新闻世界，2018（12）：16 - 18.

四、自我定位

当代大学生大多对自己所学的专业没有一个全方位的认识，对自己的前途没有一个定位。甚至于不知道自己所学专业毕业所需达到的要求，要考哪些证书，要符合哪些条件，以至于到最后甚至无法毕业。要成为一个什么样的人，对部分高校学生而言，是很不清晰的。这迷茫与想要有所改变的内心诉求成了他们身上最主要的矛盾。① 教育界的终极真理是，一旦被教育者意识到你在做什么，就不会再有效果。② 所以我们能够做的，必须要随时调整教育方法，以击破青年大学生在固化的学习模式中所形成的条件反射机制，让他们机械、被动的条件反射，转为主动性思考。只有这样，才能够有效刺激他们的大脑，促使大脑更早成熟。

抖音短视频平台的建立，对高校教师来说最大的收获就是和年轻的一代建立了联系③。高校教师可以选择以"学生们""我的生活""小美好"等为主题，凭借抖音短视频短小和直白的文化气质，拍摄发布高校教师在讲台和新闻报道外的另一面。他们也拥有个人生活，也拥有多样面孔。④ 多一些生活感悟、对某事件的看法等，从另一个视角给青年大学生传递生活哲学，自然会拥有视频传播的强吸引力。让教育回归生活，为促进大学生的心理健康，塑造出有独立思考能力、有勇气有担当、负责任有良知的新一代公民做贡献。

---

① 中国式悲剧：残暴巨婴的黑色青春 ［EB/OL］. 微信公众号"家长公会"，2016 - 01 - 13.

② 周前程. 从理论与实践的关系看马克思主义的真理性问题 ［J］. 实事求是，2017 (04)：5 - 10.

③ 高校老师们走进人民日报新媒体中心和抖音，会刷新哪些认知？［EB/OL］. 微信公众号"刺猬公社"，2018 - 08 - 23.

④ 肖楠. 教育部政务新媒体入驻抖音"我给老师比个心"播放总量近14亿［EB/OL］. 中国网，2018 - 09 - 10.

五、人际沟通

到了大学生这个年龄段，按理来说心智应该已经发育成熟，知道如何处理与他人之间的关系，但是当代大学生大多为独生子女，或多或少有点以自我为中心，这样就会因为一些琐事而引发矛盾，其实这些琐事引发的矛盾只要双方说清楚，换位思考，双方各退一步就能解决，但是现实情况下很难开口。人际交往关系是一门学问，倘若高校思政工作者能够收集整理工作中遇到的青年大学生人际纠纷案例，如以大学生人际交往的原则为题，针对当前青年大学生中普遍存在的人际交往与人际需要的矛盾，通过剧情模拟的短视频拍摄，采取一些措施或方法来缓解或解除这些问题，就能很大程度上化解高校学生人际矛盾。① 如@ 小天老师 创作的"#和谐宿舍生存指南"，以幽默诙谐的段子解读如何与舍友相处，营造温馨良好的宿舍环境，总播放量 30 余万，点赞 2 万＋。

六、考研深造

当今时代"考研热"盛行，在不少人看来考研已经成为所谓的"大趋势"，是成才、立业的必修课。② 在高等教育由精英化走向大众化的社会背景下，上大学已不再是可望而不可即的事情，研究生教育也相应地扩大规模，这是我国高等教育事业发展的必然结果。综观"考研热"兴起的原因，不难发现这是社会、家庭和个人等多种因素综合影响的结果。任何事情都需要一分为二来看待，"考研热"兴起利弊各有，高校思政工作者必须理性看待。其中，对于那些完全盲目考研或者被逼迫考研的同学，需要对其进行正确的引导和教育。在高校中，高校

---

① zhufan. 大学生痛点以及需求分析［EB/OL］. 博客园，2017－04－23.
② 陈安庆. 2019 新闻考研复习深度解析（收藏版万言书）［EB/OL］. 微信公众号"新传研考"，2018－04－06.

思政工作者作为思想政治教育活动的主体要充分发挥其主动性，帮助青年大学生树立正确的价值观。高校思政工作者可以在抖音账号上多分享一些关于高校学生考研的案例分析，规避当前社会上盛行的一些青年大学生盲目跟风"考研热"，只有这样，才能为实现中华民族伟大复兴的中国梦储备更多优秀人才。①

　　不少业内人士均谈到，抖音短视频之所以受到市场的欢迎，不仅与视频传播方式简洁快速有关，还在于以接地气的音乐共享模式让高校学生觉得新鲜有趣。UGC短视频一直是朝阳产业，抖音短视频已然成为"年轻人的音乐短视频社区"。大屏手机的普及和网络基础设施建设提速降费让更多人，尤其是更多高校学生开始习惯于用短视频表达自己，所以，UGC短视频在年轻群体里一定是有很大机会的。比如，人们处在同一个氛围里，获得了氛围给自己带来的同一种感受时；比如，一个人发现另一个人有跟自己同样的三观时；比如，一个人对一个事物产生了共鸣，发现另一个人也对这个事物产生共鸣时；比如，一个人发现另一个人有跟自己同样的经历时。所以抖音氛围、抖音文化、抖音社区持续不断产生的优质内容就是引发青年不断产生共鸣乃至"上瘾"的根基。②

---

① 高孝孝. 高校大学生"考研热"之探究［J］. 教书育人（高教论坛），2017（33）：6－7.

② 二水水. 日播放量破亿，带点魔性的"抖音"如何撬动年轻人的表达欲？［EB/OL］. 微信公众号"36氪"，2017－05－05.

第七章

条分缕析：视频内容创新策略

　　对于高校思政工作者越来越多地入驻抖音等短视频平台，北京师范大学新闻传播学院教授张洪忠认为，抖音等平台集聚了数量众多的年青一代，受众在哪里，宣传报道的触角就要伸向哪里，宣传思想工作的着力点和落脚点就要放在哪里。[①] 短视频活泼、形象化，更易接受、更具象，深得年轻人喜爱，高校不能无视这些平台的存在。[②] 本章将阐述高校官方抖音建设团队或大学生师生主体在创作抖音作品时如何进行视频内容分类、剧本创新逻辑和内容账号运营。

第一节　分门别类打造爆款

　　在用户眼里，他们在抖音短视频 APP 众多视频内容中做出选择时，会将内容质量当成唯一的选择标准。[③] 一般来说，如果高校思政工作者

---

① 张洪忠，石韦颖，韩晓乔. 从传播方式到形态：人工智能对传播渠道内涵的改变［J］. 中国记者，2018（03）：29–32.

② 王晓红，任垚媞. 我国短视频生产的新特征与新问题［J］. 新闻战线，2016（17）：72–75.

③ 马海燕. 短视频社交软件的受众心理研究——以抖音 APP 为例［J］. 新闻研究导刊，2018，9（05）：59–60.

所运营的抖音账号能为用户提供许多质量上乘、制作精良的内容，就会赢得用户的认同，从而有效提高用户黏度。但在信息极度泛滥的时代，内容同质化现象十分严重，高校思政工作者如果能清楚各短视频类型，熟知运营逻辑，那么更能吸引青年大学生眼球。

一、文艺类

当今社会，人们对于"幸福感"的追求前所未有地加强了，在快速的生活节奏以及对精神文化的追求下，文艺类短视频应运而生。① 那么什么算是文艺类作品？不同的人有不同的理解，它可以是动感强烈的舞蹈，可以是轻柔舒缓的轻音乐，可以是直击人心的感情故事，也可以是灵动逼真的绘画创作。总之，文艺类作品带给人的不仅是视觉上的享受，还是情感上的共鸣以及心灵的放松。

文艺类创作如此受到欢迎的原因可以分为以下几点。

首先，创作灵感大多源于生活，深入生活。习近平总书记曾说："关在象牙塔里不会有持久的文艺灵感和创作激情……要走进生活深处，在人民中体悟生活本质、吃透生活底蕴。"② 他强调文艺工作者要创作出思想精深、艺术精湛的文艺作品，必须扎根生活。一旦离开了生活现实，文艺创作就成了无本之木。文化作为一种意识形态，是人们长期创造形成的产物。③ 受众是带有特定文化进行内容选择的，当内容与文化结构相一致时，就会激发出共同的情感需求，进而获得认同感。尧斯的"期待视野"意指在文学接受活动中，读者原先各种经验、趣味、素养、理想等综合形成的对文学作品的一种欣赏要求和欣赏水平，在具

---

① 冯向宇.浅析新媒体时代下我国传统工艺类短视频节目的发展——以广西电视台微纪录片《技忆》为例 ［J］.视听，2018（05）：34－35.

② 习近平谈治国理政：第 2 卷 ［M］.北京：外文出版社，2014：319.

③ 白淑湘.人民大众的文化意愿正变为现实 ［EB/OL］.人民网，2015－05－23.

体阅读中，表现为一种潜在的审美期待。① 同理，抖音的视频推荐大多来源于生活场景，符合受众既定的审美经验，拉近了与受众之间的距离，配合音乐又多展现普通场景下不普通的转折性，满足了受众的好奇心，获得一种别样的体验感。②

其次，紧跟事物发展步伐。人们对新事物的创造能力加强，每天都有新的东西产生。例如，有些人可以根据突然迸发的新鲜灵感写出新的歌曲；有些人可以依据新的技术带来产品的进化；有些人则会对自己或他人的新的情感经历总结出不一样的恋爱秘诀。随着时代的发展，文艺类作品可以进行快速直接的吸收，第一时间反映到内容中来。

最后，顺应人们审美多元化的进步趋势。如今一切都在向多元化发展，人们的接受能力越来越强，审美事业不断拓宽，而文艺创作本身是丰富多样的，能够满足人们不同的需求。这种相互促进使得文艺类作品日渐火爆。③

如@ 浙江大学 在抖音发布的 2021 年招生宣传片《新生》，以清新的画面和生动的故事折射出一个真实的道理："大学是一个非常需要努力的地方，就是一分耕耘，一分收获"。

文艺类作品在大学生中有很高的接受度，但这类题材也更易被跟风，高校抖音工作者在一定程度上的模仿更应注意创新，毕竟文艺的创新是使得其长久发展的核心。④

---

① 杨誉芳，贾文文. 接受美学视角下音乐短视频走红现象研究——以抖音 APP 为例 [J]. 视听，2019（01）：123 - 124.
② 杜辉. 新媒体时代新闻伦理困境的表现 [J]. 青年记者，2018（12）：45 - 46.
③ 沈钰琳，项益鸣. 短视频运营：解读 5 类成功短视频自媒体的运营套路 [EB/OL]. 微信公众号" Lighthouse 互联网实验室"，2019 - 09 - 26.
④ 蒋婷婷. 文化类电视综艺节目的创意与传播研究 [D]. 曲阜：曲阜师范大学，2016.

二、段子类

《现代汉语规范词典》认为，段子是"有相对完整的内容，可以一次表演完的评书、相声等曲艺节目"。基于抖音短视频娱乐化和草根化的特点，将抖音段子短视频定义为借助抖音短视频平台传播的一种载体，主要集中表述搞笑、讽刺、生活化的小故事。作家王蒙曾说过："唐朝有唐诗，宋朝有宋词，我们今天又有什么？段子！"① 2016年在网络上走红的"papi酱"凭借独特的视频段子火了，目前她的抖音粉丝已超2000万，获赞已超1亿。

《上瘾》一书中提到过，动机决定了用户是否愿意采取行动。核心动机有三种：一是追求快乐，逃避痛苦；二是追求希望，逃避恐惧；三是追求认同，逃避排斥。如果不想当一个永远枯燥的老师，高校思政工作者就要踏出自己的舒适圈，打破传统教育规则，戏精化、娱乐化，做一些不一样的东西。② 教育就像一块饼，要让人学会造饼，而不是吃饼。作为一个思想政治教育工作者，要做的是去影响和引导人们走回教育这一条路，传达的不仅是知识点，还要有正能量。短视频作为一种新型社交方式，使得普通人自我表达和展示的欲望得到极大满足。在短视频狂欢中，人人都是"戏精"，表演的身体成为独具冲击性的视觉消费符号。新媒介技术下的身体赋权，使得身体的叙事能力被重新解放出来，成为叙事的媒介和传播的主体。③ 段子式短视频是通过段子将个人意识以润物细无声的方式传递给大众来达到传播正能量的一种教育新形

---

① 罗书俊，汪潇. 社交媒体下段子营销的发展策略研究——以新浪微博为例［J］. 东南传播，2017（04）：111-113.

② ［美］尼尔·埃亚尔，瑞安·胡佛. 上瘾［M］. 钟丽婷，杨晓红，译. 北京：中信出版社，2017：120.

③ 韩少卿. "戏精"：短视频狂欢的新身体叙事［J］. 新闻爱好者，2018（10）：29-32.

式，它以"文字＋图片""故事＋启示"被大众熟知。自媒体时代下，越来越多非专业的人开始经手段子类自媒体账号运营，凭借好的创意、优质的故事受到很多粉丝的追捧。①

拍抖音段子跟脱口秀差不多，都是：铺垫＋笑点（由铺垫可以制造一种预期，预期来源于"核心假设"，笑点是对核心假设的再解读）。此外，要注意两点：抖音和脱口秀不一样，抖音更加注重表演艺术，而不是语言艺术；这个招式不仅仅在有剧情的情境下使用，在各种情况下都能获得效果，要知道"于无人处发声"才是真正的创意。

如＠四川西南航空职业学院于2018年5月入驻抖音，短短一年时间，就展现了在短视频领域的实力。截至2021年6月，粉丝数已经达到250万，输出了许多段子类的优秀短视频作品，如"当姐妹跟你客气时，教你怎么反套路"让大家在逗趣间感受到了同学们之间深厚的友谊，不禁大喊"学到了！学到了！"如学姐版#新喜剧之王 收获了301.9万点赞量，观看人次高达一亿。生动好玩的段子让观看者在捧腹大笑的同时也领悟到人生的小哲理，达到寓教于乐的目的。

三、解说类

以互联网为依托的数字时代，已经成为现代人"命运"的结构化背景，生活在这一时代中的任何一个人，都无法逃脱数字化的包围——它不只是生活的手段，更是生活的组成部分，内化于每一个人日常活动与行为之中②。曾经听说过这么一种说法：恐怖片不可怕，可怕的是图解恐怖片。乍一听没明白，仔细琢磨下还真是这么回事。现在，街上已经很少有卖的图解电影小人书了，随着互联网的发展，有了新的视频解

---

① 罗书俊，汪潇. 社交媒体下段子营销的发展策略研究——以新浪微博为例［J］. 东南传播，2017（04）：111－113.

② 吕鹏. 作为假象的自由：用户生成内容时代的个人与媒介［J］. 国际新闻界，2017（11）：68－82.

说方式，他们大多是以直播或是个人微信公众号，以个人的角度去对那些最近上映或是即将上映的电影进行评析。由此，网络上产生了这样一个群体——解说专业户。

移动社交形式的升级给内容行业带来的影响，不只体现在内容分发渠道的变迁，还体现在内容为了适应新平台所进行的改造和迭代。① 于高校场域而言，校园生活解说、专业知识解读、考研知识点讲解等类短视频在抖音短视频平台上如雨后春笋般不断涌现。抖音短视频已被打造成一个快节奏的短视频生态圈，如何能够在短短的 15 秒钟吸引到用户的注意力，并且仅仅用 60 秒的讲解让受众能够明白你在说什么，认识到你的视频的卖点是什么，是促使受众点赞关注行为发生的关键。

高校运营抖音账号做解说类这块，可以考虑从以下几个方面入手。

1. 学习类解说

学习分广义学习和狭义学习，广义学习包括艺术、体育、认知、专业技能和做人做事等，狭义学习包括知识、技能和方法的学习。学习的目的不是为了专业而学习，而是为了生活而学习。高校抖音账号运营应该多从如何在纷扰、诱惑四布的当下，指导学生拥有一份踏实淡定的心境来念书，学会过滤杂音摒弃杂念。

2. 社团类解说

进入大学，学生的生活开始丰富多彩起来，有不少同学开始纠结要不要加入社团学生会锻炼下自己。社团是青年大学生发挥自己的特长和爱好的地方，是他们学习自己感兴趣的知识和技能的地方，更是丰富课余生活的地方。大一的时候，刚刚入校的新生对于大学生活还是很好奇的，而社团也是一种打开大学生活的方式，所以选择社团成了顺理成章的事。高校抖音账号运营可以试做多期关于校内社团的介绍，让新生更

---

① 孙乐怡，陶曼莉. 影视解说短视频制作策略分析［J］. 视听，2019（01）：20－21.

直接明白哪些社团更有价值，更值得考虑加入。

3. 人际类解说

许多人说大学就是个小社会，反映的是高校作为个体进入社会的最后一站，已经在相当程度上成为实际上的社会。高校当中的许多事确乎是按照社会的规则来运行的。不仅如此，学校里各种琐事扑面而来，特别是入学后，高校学生需要面对人际关系的巨大变化。单单需要接触的人群种类就比高中多，加上人际交往的目的不同，因此学生不得不调整心态和交往策略，以慢慢适应学校里的人际交往。高校抖音账号运营可以以"舍友之情""同学之爱""师生之感"等为切入点，帮助高校学生正确处理大学人际关系。

4. 兼职类解说

大学生活是迈向社会的重要阶梯，在此期间，适当做些兼职不仅可以让个人的能力稳步提高，还可以赚些钱以补贴家用，可谓是一举数得的好事。当然，兼职也应该适可而止，不能因为这个忘记学业，毕竟后者才是上大学的主要目的。高校抖音账号运营可以通过拍摄平时遇到的兼职诈骗的短视频，以此告诫青年大学生如何在校寻找适合的兼职。

以下，分享几个解说类视频制作的小技巧，供大家参考。

1. 编辑有创意的解说词

视频剪辑根据自己的需求剪辑成功之后就要编辑有质量的解说词，因为后面要对已经剪辑好的视频进行解说词配音导入，所以这就需要自己在解说词上面花费一定的心思，突出一定的特色，而且视频解说思路要清晰。①

2. 制作够清晰的短视频

配音解说应当声线清晰，有辨识度，避免机器配音；解说文案需要

---

① 李菁. 浅谈电视专题片解说词的创作与配音［J］. 记者摇篮，2019（04）：88-89.

全部原创，照搬网络文章会被判定滥用原创；引用影视素材应当高清超清，避免节目四周有黑边；短视频需要有片头包装，片尾引导关注抖音号有利于积累粉丝。①

3. 选择有新意的标题词

段式的长标题信息量大，更容易被机器精准推荐；标题中添加和内容强相关的词汇，如评分、地名等，有利于机器抓取正确分类；标题中添加具体的剧情、角色亮点能够更吸引观众注意，切忌空洞夸大标题党。

四、访谈类

抖音相关类型短视频平台受欢迎的原因，最重要的一点便是解放了视频娱乐的生产力。② 大概从 2017 年开始，随着短视频内容的不断增加、题材的不断丰富，一批访谈类 PGC 节目开始走红网络。这类节目时长维持在 5 分钟左右，每期确定一个核心话题，在人群聚集的街头或在室内安排名人明星等随机接受采访，表达对某一问题的观点和看法，然后通过筛选和剪辑，制作出一期娱乐性、话题性较强的内容。由于访谈节目的话题基本围绕高校学生的学习、工作、生活展开，可选话题丰富、制作流程简单、紧贴高校学生需求的内容，③ 如@ 厦门大学嘉庚学院 视频"用你的专业说一句情话"校园随机采访学生，播放量达212.2 万。

进入 2018 年，随着 UGC 短视频的流行，访谈类节目纷纷入驻以抖

---

① 胖张. 如何做电影解说类原创视频［EB/OL］. 知乎号"胖张支招"，2018 - 05 - 11.

② 侯雅欣. 我国短视频行业的"狂欢化奇观"——以抖音短视频为例［J］. 新乡学院学报，2018（05）：64 - 66.

③ 刘晓丽. 贴近生活选择话题 培养学生"写"的兴趣［J］. 科普童话，2017（21）：50.

音、快手为代表的短视频平台，开始了新一轮的流量争夺。① 在抖音以"街访"为关键词进行搜索，可以看到各式各样的"××街访"账号，内容看起来大同小异，但粉丝数量却相差甚远。这里将针对这类内容的特点和吸睛原因，为高校抖音创作者提供一些优化、突破的方向和技巧。

（一）访谈类内容的特点

1. 满足观众的八卦心理

由于访谈类节目的受众主要是年轻人，所以为了保证话题性，这类节目通常会大胆地选择能满足观众八卦心理的话题②，例如朋友、恋人、同事关系等。人们在观看短视频时，主要的需求之一就是打发无聊的时间，寻找生活中的刺激点。街访节目向受访者提问一些生活中人们羞于讨论，或碍于各种原因不做正面回答的问题，然后以话题采访的方式整合受访者的回答，满足了观众的八卦心理。

2. 满足观众的好奇心理

访谈节目的本质就是观点整合和呈现。什么样的观点吸睛？简单来说，可以概括为这几个特点：争议性大、制造矛盾、出乎意料。这类观点足够奇葩、足够吸睛，因此能够满足观众的好奇心理。③

（二）从五分钟到十几秒的转变过渡

短视频是一种表达方式，要用短视频讲述故事和传递价值观，深耕内容或提供有价值的服务。在抖音、快手等短视频平台兴起后，大部分访谈节目纷纷入驻这些平台，值得注意的是，原本在 PGC 领域混得风

---

① 球队、联赛纷纷入驻抖音，但是短视频运营他们还是新手［EB/OL］. 界面新闻客户端，2019 – 06 – 10.
② 续蔚一. 网络直播平台受众的心理特征分析［J］. 新闻研究导刊，2016（18）：10，13，18.
③ 大文. 街访短视频井喷，如何找到你的差异化优势？［EB/OL］. 微信公众号"卡思数据"，2018 – 10 – 15 .

生水起的街访节目，在新的短视频平台，却出现了"水土不服"的情况，一些原本名不见经传的节目却趁机快速完成流量积累。这其中的原因，主要体现在以下几个方面。

1. UGC 短视频平台更碎片化

时长更短，用户注意力更容易被分散。所以内容需要更精华。十几秒的访谈内容创作技巧，其实类似于我们常说的起标题、选封面技巧。因为在十几秒的时长内，访谈节目通常只够呈现一个观点，这个观点就是内容核心，也是观众的第一印象。因此，对受访者观点的筛选，和给内容取标题、选封面一样重要。

2. 受访者颜值变得更重要

PGC 领域的访谈节目追求的是观点的猎奇性、话题性，但在抖音短视频平台，受访者的颜值也成为一项重要考量指标。[①] 因为在竖屏观看情景下，人占据了整个画幅的大部分，相比 PGC 节目，抖音短视频对出镜人的颜值要求更高。所以，高校官方抖音在录制访谈类视频时，应注意受访者的对镜角度、面部打光等，适当添加美颜滤镜，让大学生的青春风貌有更好的呈现。如@ 福建师范大学小葵 制作的系列学生访谈节目，采用大光圈镜头、侧身人像拍摄，并选择了合适的背景，同时加上了后期动画和滤镜，让受访学生在视频中的呈现更加青春靓丽。

3. 内容的节奏发生改变

不同于几分钟的短视频的叙事节奏，抖音短视频的用户更喜欢神反转、前后对比强烈的内容。[②] 因此，节奏上没有起伏、过于平淡的内容不容易获得观众的青睐。

（三）优化质量

由于访谈节目的受众主要是年轻人，内容追求娱乐性和话题性，因

---

① 周敏. 论短视频传播主流价值观的创新路径［J］. 新闻前哨，2019（02）：14－16.
② 陈光秀. 短视频新闻的新型叙事［J］. 新闻战线，2019（13）：76－78.

此在话题选择上同质化比较严重。此外，由于采访是随机式的，受访者素质参差不齐，因此可以从以下几个方面着手提高。

1. 让问题更具体

如果说观点是访谈类内容的核心，那问题就是内容的基础。因此，在问题设置上，应该专注于具体的小问题避免抽象的大问题。此外，在街访过程中，提问人的主要作用就是准确传达问题，同时能从受访者的回答中准确提取关键信息。因此，提问人在提问时必须注意表达的准确性。

2. 诱导式发问

与开门见山的直接发问相比，循序渐进的诱导式发问更有交流感、更自然。采访者在提问时，可以根据受访者的反应，灵活应变、由浅入深，慢慢引导到最终要问的问题。

3. 让内容更细分

尽管目前有不少访谈类节目通过地域、身份等维度来细分内容的所属领域，标榜自己的独特性，但从内容来看，并无实质性区别。例如，很多街访节目通过"地域＋街访"的形式来为节目命名，但"地域"这个细分维度却没有在内容中体现出来。

所以，要想解决内容同质化问题，找到自身的差异化优势，必须向更细分的领域探索。人的细分维度很多，性别、年龄、身份、地域都可以作为细分的切入点。例如，做一档闽南语街访，从地域上给节目贴标签；做一档针对退休教师的访谈，从年龄这个维度找到自己的独特性；等等。此外，设置反转、剧情设计、话题争议性、真人出镜这四点是访谈类抖音账号运营不可或缺的因素。①

---

① 大文. 街访短视频井喷，如何找到你的差异化优势？［EB/OL］. 微信公众号"卡思数据"，2018－10－15.

五、实用类

技能类、知识类的内容可归为实用类板块，这类内容对于用户是高价值的，会让用户更愿意关注你的账号，而不是像普通娱乐性内容点赞完事，用户能够更有效地流入你的抖音流量池中。① 抖音的本质是娱乐产品，但用户总希望在娱乐的时候又学习到什么。② 这样的用户心态对于大学这座内容富矿来说无疑是天然"利好"，不管是考研攻略、高数教程、四六级复习要点，还是如何和舍友相处，如何撰写入党申请书，如何申请选修课，以及更加专业的学科知识，如如何做好 PCR，如何做电泳实验，如何建立 OSI 模型，等等。这类"实用性"的内容更能够吸引大学生网民的关注，从而建立稳定的用户关注。

清华大学新闻与传播学院、中国科学报社与字节跳动联合发布了《知识的普惠——短视频与知识传播研究报告》，《报告》显示，科普类短视频最受欢迎，视频播放和点赞量最高；科普类和考学类知识作者的人均粉丝数最高。抖音上一条题为"现行世界地图有太多假象"的短视频内容，共收获 183.4 万个赞，播放量累计超过 4760 万，获得用户普遍好评："长知识了！万万没想到格陵兰其实没有那么大……"该视频作者为抖音知名科普达人"地球村讲解员"，自 2018 年 7 月通过抖音进行天文地理知识科普以来，半年时间已收获 1206 万粉丝，作品累计获赞超过 6715 万，累计播放量超过 5 亿。短视频从内容与形式两个方面降低了知识接受的门槛，拉近了知识传播者和受众之间的距离，普通

---

① 企业如何在抖音疯狂"圈粉卖货"？［EB/OL］. 微信公众号"媒介匣"，2019 - 09 - 23.

② 郭梦珂. 新媒体环境下网络短视频新闻的发展探索［J］. 西部广播电视，2017（23）：10 - 11.

群众能够通过短视频，以新奇、有趣的方式接触到高深的专业知识。①

其实每个专业都有很多"干货"的切入口，而且技能类、知识类的内容非常容易体系化、标准化，形成鲜明的专业辨识度，如果是体育专业教师，那切入点可以是体育历史、体育大事件、体育名人的讲解回顾，也可以是运动技巧、运动竞技教程，还可以是运动相关的饮食搭配、损伤修复、身体调养等。

第二节　剧本创新十条法则

什么产品内容能够让你在芸芸众生中脱颖而出？

这个问题可以先从做抖音需要投入什么来说。抖音所有的短视频内容遵循四有法则：做有趣的爆款内容，做有用持久有价值的内容，做有品位的内容，做有情怀的内容。

在这个娱乐大众的时代，受众究竟需要怎样的剧本服务体验？当各大高校师生、思想政治工作者等纷纷入驻短视频平台的时候，应该如何体现自身的核心竞争力，以求在变化动荡的互联网时代获得一片栖息之地，让受众爱不释手？笔者认为可以从以下几个方面寻求对策。

一、场景塑造：贴近生活接地气

热门抖音短视频之所以受欢迎，很大程度上得益于第一现场影像素材所带来的视听感官刺激，短视频应用的开发有效缩短了"记录美好生活"过程中的烦琐，看似降低了视频生产门槛，实则是对运营人员

---

① 孙健. 浅论移动短视频社交应用的传播方式及对受众接受度的影响——以抖音短视频为例 [J] . 新闻研究导刊, 2018, 9 (14): 154 – 155.

的综合能力提出了更高要求。① 尤其是针对老段子、老剧本来说，如何在短时期内打造一种新颖独特、创意性强、互动体验感佳的剧情，更美感、更潮酷、更年轻化，是运营者有效抓住受众注意力的关键。这不仅需要高校官方抖音的创作人踏踏实实创作贴近学生、贴近校园的优质内容，还需要拥有跨媒体传播的创新思维能力。②

吉林四平公安局抖音号"四平警事"，开通半年内就收获 1183 余万粉丝，累计点赞数超 5000 万。③ 幽默、搞笑、段子手……这是网友给"四平警事"的标签，168 条普法短视频，三个主创将法律知识、执法办案演绎成一段段风趣幽默、笑点密集的一分钟视频。董政，"四平警事"普法短视频中的主要人物，因为短视频的创作，他和剧中的小伙伴们，已然成了新晋的网红段子手。2016 年，他被调入市公安局后，接到的第一份任务是："创新警务宣传工作"。如何创新？董政想到了拍摄短视频的办法，以此记录警察生活的点滴。于是，四平公安局官方抖音号"四平警事"诞生，并于 2018 年 6 月正式上线。然而，这样直接的拍摄手法收效甚微。2 个月过去，粉丝量却不高。董政琢磨，应该用更接地气的方式、群众普遍接受的搞笑表演和通俗易懂的语言来宣传普法工作。于是，他开始搜罗大大小小的案件，从网上找出网友关注度高的案件，并借此为题材进行创作。这一剑走偏锋的想法让"四平警事"有了起色，粉丝自 8 月起不断攀升，每个视频的平均点赞量都在 10 万以上，最高的视频点赞超过了 300 万。④

---

① 侯雅欣. 我国短视频行业的"狂欢化奇观"——以抖音短视频为例［J］. 新乡学院学报，2018，35（05）：64－66.
② 杜欣宇. 全媒体时代电视编导的创新策略研究［J］. 传媒论坛，2019（01）：112，114.
③ 85 后警察成抖音网红"段子手"普法感受一下……［EB/OL］. 微信公众号"中国新闻网"，2018－12－17.
④ 抖音发布 2018 大数据报告"四平警事"粉丝量超千万成最受欢迎政务号［EB/OL］. 中国日报网，2019－01－31.

大学官方抖音号作为大学生视频创作的主力军之一，在创作大学生视频时要立足于全方位展现当代大学生的风采场景塑造。体现在以下几个方面。

一是紧随时事热点。可以结合节假日、微博热搜、抖音上的热门挑战、热门歌曲等作为话题切入点，进行自身内容的二次创作。比如借助五四青年节、国庆游园等活动，可以创作出不同风格的内容：可以有记录型视频，记录学校举办的音乐会、晚会等校内活动，记录活动正片或活动前工作人员的准备、活动结束后的花絮；可以有访谈型视频，对校园内的大学生做街头访谈，了解大学生关于节日的想法或愿望，通过访谈也能展现出大学生的思想及认知；还可以发起开放式话题，如邀请用户分享感受的"谈谈你认为的中国青年"等，大学生的表达欲望通常比较强烈，在这样的开放式话题下用户会乐于创作内容，积极分享自己的经验与想法。

二是深挖青年关注。大众对于大学生的思想态度并不了解，因此大学官方抖音号除了在发布知识普及类、学生实践类、人物事迹类、生活日常类等常见的视频类型之余，还要关注大学生的精神世界，多展现其思考认知能力，凸显文化底蕴。在大学官方微博中有邀请用户答题的微博，在"抖音"中这些可以由访谈型视频展现，比如在校园访谈中访谈学生对于某件事或某个现象的看法、学生对于某类书或某种艺术的了解等。当然大学官方抖音号也可以创作带有开放式话题的视频，激发大学生的自我表达。

三是融入校园生活。大学是人生美好的四年，校园里随处可见的一草一木都是动人的青春记忆，这些是得天独厚的"片场"，借由天然片场，诉说校园故事，比如邀请学生做示范，邀请学霸录制视频分享他的学习心得，邀请社团里优秀学生录制视频分享他的特长爱好，等等。

二、排列组合：拆解重构出新意

所谓对立创新，在剧情设计中选定几个爆款元素，变更其中的某个元素，与原来的拍摄内容做对立进行发布，往往获得更大的平台流量。① 对立创新具体步骤可分为两种模式。第一种模式是：①选定几个同类爆款；②分析拆解其爆款元素；③变更其中的某个元素维度，与原来对立；④将对立元素结合原有元素，组成新的视频；⑤原来元素大都不变，新视频依然可能成为爆款。抖音上一直经久不衰的对口型视频，虽然口型相似，但是表演主角不一样，各具特色的呈现依然吸引着无数人点赞。或者是某个剧情类视频很火，但主角是男性，如果换成女性为主角，其他依然是相似剧情，则新视频风格早晚也会大火。

第二种模式是：①选定某个类型的不太火的视频；②分析拆解里面常规思维的言行与规律；③更改某些常规元素，使其与常规对立；④将对立元素结合原有元素，组成新的视频；⑤原来的元素大多不变，新视频更有可能成为爆款。比如河南大学毕业典礼程民生教授金句频出，一举"出圈"登上抖音热榜。

三、冷饭新炒：爆款元素再解读

当下的抖音传播应该起到了知识入口的作用，引导观众对新知识点产生兴趣。② 移动媒体时代的消费特征是用户不再区分产品内容究竟是视频、图文等文本的原有介质属性，也不关注内容生产者是否来自纸

---

① 韩筱涵. 嘻哈爆款下的网络自制选秀综艺模式新突破 [J]. 今传媒, 2018, 26 (03)：116 – 117.
② 周蕊. 传播学视域下"短视频"传播规律的异化——以抖音 APP 为例 [J]. 传播与版权, 2018 (07)：108 – 110.

媒、电视台等原有传统媒体渠道。① 用户只对高质量的内容本身、多元化的信息传播手段，以及与视频内容相关产品的内容迭代感兴趣。随着亚文化现象的普及，网络内容生产走向个性化、分众化，媒介内容生产技术走向平民化，受众从被动的身份重新获得了积极的主体地位，他们不但可以对传统媒体提供的内容进行再解读、解构，并且甚至可以直接利用自媒体进行内容生产，完成角色的逆转。

传统上，集体智慧被认为是消费者与商业文化抗争的武器，② 但事实上在社交媒体时代，通过集体智慧对媒介文本进行的演绎，反过来又可以丰富原媒介内容的内涵和外延。文化权力在这两个同构的趋向中协商，取得认同。③ 新媒体语境下，媒体内容在商业上的成功需要依靠一个充满活力且生机勃勃的网络热词热梗热段子的形成与增长，为原始节目文本创建内容扩展以及添加物。

所谓"冷饭新炒"，对于原来的内容，用新的人员、新的场景进行重新演绎，得出新的短视频内容，也可以获得很大的推荐流量，容易获取平台的粉丝增长。集成创新具体步骤：①选定几个同类爆款；②分析拆解各个视频的爆款元素；③叠加其中的元素维度，用爆款元素替换平庸元素；④将多个爆款元素有序结合，组成新的视频；⑤爆款元素密度增多，新视频更可能成为爆款。

比如极受欢迎的流行歌曲《生僻字》，在陈柯宇的版本之后涌现出许多不同版本的翻唱，以更快的速度或是新奇的内容使得流传度更广，

---

① 刘鹏程. 自媒体时代高校"形势与政策"课时效性研究［J］. 绥化学院学报，2018（06）：116 – 118.

② 赖晓凤. 文化交往理论视角下的商业广告翻译探析［J］. 福建师大福清分校学报，2018（03）：31 – 36.

③ 周逵，孙宁忆. 社交媒体时代的视频节目创新［J］. 新闻与写作，2013（06）：42 – 45.

还有人掀起了英文版生僻字的热潮。① 2019 年 5 月 5 日，共青团中央主办的"网络青晚"上，"科技袁人"主讲袁岚峰联合《生僻字》创作者陈柯宇、上海有机化学研究所等的师生，一起为大家带来一首另类的"化学版"《生僻字》，单条视频点赞 57 万。

四、求同存异：对立统一能突围

内容的运营要做到差异和统一，所谓差异与其他抖音账号做到差异化，短视频内容运营追求新奇特②，必须推出不同的内容运营才能立于不败之地，所以要规划和定位差异化的内容运营，但是又要保持自身账号的定位和内容的统一性即"与别人差异，与自己统一"。再进一步探讨，为什么必须与别人差异与自己统一？因为只有差异化才会被记住，只有差异化才更少竞争，只有差异化才能有无限成长空间，只有差异化才能注册围城商标等价值标签。③ 在实际工作中，如果发现青年大学生对某类视频的关注度高，可持续供应同类内容，养成归属感；同类内容更容易强化品牌与人物形象与价值，让自己占据大众心智垄断的地位；风格一旦固定就不要轻易变换风格。

如@共青团中央的合集#这就是我的大学系列视频，均采用酷炫转场加上实地采访的形式，既有特色，又生动的凸显了主题。

五、强化记忆：身份认同增黏性

怎么让用户更长久地记住你，是每个抖音运营者必须面临的一大难

---

① 歌曲《生僻字》引发多版本翻唱为何走红［EB/OL］. 百度百家号"柠檬公关"，2019 - 02 - 04.
② 宋文，吴生华. 打造成功音视频产品的金钥匙——基于 100 篇"爆款"音视频经验文的内容分析［J］. 中国广播，2019（05）：6 - 11.
③ 林少栋. 新时代高等教育联盟育人的六维透析［J］. 现代教育论丛，2018（01）：46 - 53.

题。由于短视频技术的平民化，在以电视台、报社等传统内容生产者为主导的路径之外，出现了以"粉丝"文化为主要特征的、带有特定的亚文化审美特征和目标的新的传播样式。① 这就要求新的媒介内容一方面要能成为"粉丝"的聚合点——实质是将有相似生活样式的消费者聚合在特定内容的附近；另一方面，也要求媒介内容给这些聚合在一起的"粉丝"以文化想象和参与的空间，从而形成各种文化景观，进一步加强他们对于特定媒介内容的身份认同感，刻画成一定的记忆②，上升为对账号本身的关注和喜爱。这可以从人类用户的记忆规律与特点来探讨③。

如@陕西师范大学发布的一则祝愿考研学子"逢考必过"的视频，以师范生基本功粉笔板书的形式呈现，侧面彰显了教学质量、学生素质，也引发了考研学子的广泛共鸣，收获点赞近40万。

六、巧妙呈现：平易近人不刻意

在"抖音"短视频内容矩阵当中，以明星、美女、帅哥、生活、家庭、小孩、萌宠、音乐舞蹈、演绎、美食、旅行、游戏、技术流为主，百万级"大V"的内容基本囊括其中。④ 除此之外，还有手工、二次元、画画、各类教学视频、健美健身、摄影摄像等丰富的内容类别，共同构成了"抖音"的多元化内容生态。上述海量内容使"抖音"短视频的内容生态同时具备新鲜性、观赏性、趣味性、价值性、交互性、

---

① 周逵，孙宁忆．社交媒体时代的视频节目创新［J］．新闻与写作，2013（06）：42 - 45.

② 熊江武．迷因理论视域下网络流行语的生成及传播机制研究［J］．现代视听，2019（07）：45 - 48.

③ 运营去哪．抖音内容运营的十一大创新法则［EB/OL］．微信公众号"运营去哪"，2018 - 12 - 25.

④ 王晓鑫．新媒体环境下"抖音"短视频的传播内容分析［J］．新媒体研究，2018，4（12）：32 - 33.

共享性等特点，并在整体上呈现出生态化、年轻化、娱乐化、社交化、个性化、技术化、潮流化、创意化、魔性化的社区氛围，使内容和受众之间产生或感动、或开心、或欣赏、或赞美、或敬佩的情感联结，形成强烈的情感共鸣，有助于增强用户黏性。接地气的生活化操作在抖音短视频上变得受越来越受欢迎。高校思政工作者可以以抖音上生活教学类短视频为例，挖掘学生生活中的小常识、小桥段，以短视频的形式发布在平台之上，吸引用户互动参与，感兴趣的用户会浏览，甚至会通过学习视频内容来亲身实践。①

七、强化情绪：渲染情感有共鸣

在抖音短视频生产者与观看者的互动过程中，观看者会有意或无意地注意、模仿和同步生产者的情绪，导致其被生产者的情绪传染。② 生产者情绪显著性、情绪传染易感性、行为风格、生产者在短视频里表现出来的人际吸引、生产者与观看者间的个体差异是影响生产者情绪传染的主要因素。生产者对观看者的情绪传染会对观看者、生产者以及生活情绪带来各种潜在影响，因此高校思政工作者必须了解和掌握与情绪相关的心理学知识，学会运用积极情绪力量来管理抖音短视频内容的创新策略。③ 高校思政工作者做抖音宣传不能只为了"涨粉""出名"，发布的内容要有亮点、有共鸣、有感动点，并向实用性、知识性倾斜。在利用抖音短视频进行传播正能量情绪的过程中，应当多站在青年大学生

---

① 任蒙蒙．"表演的劳工"：短视频用户的自我呈现与生产——以抖音 APP 为例［J］．视听，2018（08）：141－142.
② 王怿．"网红"修炼法——网络时代拟剧论的发展与演变［J］．中国多媒体与网络教学学报（上旬刊），2019（03）：233－235.
③ 刘丽丹，王忠军．领导情绪传染的原因及其影响［J］．领导科学，2019（06）：52－54.

参与者的角度，① 制作一些更带有情绪点的短视频，积极主动全方位地提供、传播青年大学生需要的信息，尤其是与高校学生密切相关的学习要求、生活环境、社会活动有何新改变、校园社团如何等内容，让高校学生自愿观看、转发、分享。

四川外国语大学的辅导员张坤的抖音账号"后撤步工作室"，因其与青年大学生团队拍摄了一系列"辅导员日常"的有趣表情包和短视频火了！② "期末考试""寒假生活""开学点名"一个个有趣的短视频，让张坤与学生拉近了距离。3月7日"女神节"，他们拍摄了一个短视频，因为当天只有女老师才能去参加学校的活动，于是有同学向张坤吐槽："你不能去吧！"张坤手一挥，将衣服蒙住镜头，再次打开时，已经换成一个女同学，但声音仍然是张坤："谁说我不能去。"虽然只有短短15秒，但学生们都被这个视频逗笑了，纷纷转发。张坤认为，作为辅导员，其本职工作就是引导学生树立正确的思想，并且在学生的大学生活中给予帮助，一起学习成长，通过短视频拍摄不仅增进了师生情谊，更让青年大学生在愉悦观赏的同时，加强对校园生活的了解与喜爱。③

八、强化速度：高频输出保供给

互联网的快速发展尤其是移动智能终端的普及，让更多人接触网络、使用网络甚至依赖网络。④ 无论是高校教师还是青年大学生，都对

---

① 徐炜炜，徐睿. 大学生抖音使用状况的调研报告［J］. 思想理论教育，2019（07）：83－87.

② 川外身边人：走红网络的辅导员［EB/OL］. 微信公众号"四川外国语大学"，2019－04－04.

③ 重庆晨报. 辅导员拍表情包和短视频走红 成女生心中男神［EB/OL］. 微信公众号"重庆晨报"，2019－03－13.

④ 姚涵. 新媒体发展与话语生态变革［J］. 毛泽东邓小平理论研究，2016（10）：57－62，92.

跨学科、跨领域地获取新知识、新信息、新技术的需求越来越大。他们对信息资源的需求，从类型上说，既需要全面、整体的综合性信息资料，又需要针对性强、专业特点突出的专业参考资料，而且希望使用方便、图文并茂、手段先进；从内容上说，既要具备学校本身的特点，又要顾及所在区域的特色。随着"互联网＋"技术的盛行，数字化环境服务对象范围明显扩大，服务对象的需求也日益增多，只有减少信息资源冗余，建立广泛而开放的信息资源共享机制，才能实现资源之间的互补和协调，建立有效的资源获取途径，提高资源获取率和利用率。抖音短视频传播恰恰给读者全面获取资源提供了可能，短视频限制了拖拖拉拉的剧情内容，上滑即可更换的大量视频提供了源源不断的信息量。①

传统的教育方式主要体现为课堂讲授与个别交流，但仍难以摆脱照本宣科的灌输模式，② 在移动互联网环境下，学生能方便地获取超出教师讲授范围的信息。作为教育者必须主动更新知识结构，适应环境和学情的变化。抖音账号@vivi 老师 是西安某高校新闻学院的大学老师，在抖音上与大家分享对大学生的学习生活规划、大学教师的生活等，让人们印象中严肃高冷的大学教师变得亲切有趣，真正实现了寓教于乐。

九、强化互动：校园抖音红起来

抖音绝对不完美，它有很多需要改进的地方，但在技术和内容运营层面还是有诸多可以借鉴之处，2018 年 3 月将"slogan"更换为"记录美好生活"，提倡尊重每一个个体，强调产品普世性。③ 高校可以通过

---

① 郭英辉. 移动互联网环境下高校辅导员思政工作研究［J］. 淮南职业技术学院学报，2019，19（01）：21－22.
② 王华敏，张玄益. 红色文化资源在大学生思想政治教育中的价值及实现途径［J］. 井冈山大学学报（社会科学版），2018，39（05）：32－38.
③ 陈莎莎，白磊. 高校运营"抖音"对学风建设的影响及思考［J］. 新媒体研究，2019，5（08）：36－37＋40.

网红运作模式挖掘、打造、宣传校园"网红",培育校园"网红品牌",进行具体、生动、精准滴灌式的教育,首先让优秀学子慢慢在校内"红起来",成为众多学生学习效仿的对象。同时,可以借助多元化新媒体平台,在了解并把握好高校大学生思想动态的前提下,结合高校特色和时代内容,有效地进行话题选择,巧妙地蹭热点,邀请相关领域专家参与学生讨论,引起大学生的关注,激发他们吐露心声,进而引发话题讨论,在讨论中思维碰撞,并有针对性地正面引导和适当干预,用校园"网红品牌"抓住学生,抓住流量,传播正能量。①

思想政治教育本质上是做人的工作,人在哪儿,思政工作者工作重点就在哪儿。短视频或是未来媒体发展主流,成为网络思想政治教育的新场域②,要想在这块沃土上生根、发芽、结果,高校思政工作者可以通过建立网络思政工作室、创建校园"网红品牌"活动、努力提升当代大学生信息甄别能力与网络媒介素养,引导其树立正确的世界观、人生观、价值观。为了让新生们更快了解自己的辅导员,抖音账号"东北农业大学团委"特意为大一新生准备了各学院辅导员们的祝福短视频。

十、守正出新:坚守初心强导向

抖音短视频虽不一定要大制作,但选题很重要,关系到抖音短视频的传播效果和内容制作质量,③"正能量"就是弘扬真善美,注重节目价值导向;"大情怀"就是唱响主旋律,不忘初心牢记使命。文学节目

---

① 上师学工在线. 正午阳光丨听辅导员讲故事:当我在刷抖音的时候,我在想什么?[EB/OL]. 微信公众号"上师学工在线",2018 - 09 - 18.

② 高宇,胡树祥. 微视频 APP:网络思想政治教育的新场域——基于"快手正能量"的大数据分析与思考 [J]. 思想教育研究,2017 (12):100 - 105.

③ 张祁. 大众传播视域下抖音 APP 走红原因的探析 [J]. 东南传播,2019 (03):24 - 26.

《习总书记重要讲话中的经典诗词赏析》将习总书记在不同场合讲出的诗词集锦并进行解读分析。通过习总书记的引用，不仅赋予古典诗词新的艺术内涵，而且彰显出文化自信。高校思政工作者在策划抖音短视频内容过程中，倾注心血和热情进行创作。从镜头剪辑到文字提炼均要反复推敲，目的就是要向用户提供好的内容作品。文艺作品源自生活，但高于生活。倡导作正能量的大情怀作品，有助于高校思政工作者将更多的精力和资源集中在本校正能量题材挖掘和宣传上。①

高校思政工作者入驻抖音短视频，是主流价值的重要传播主体之一，责无旁贷要传播正能量、凝聚正能量，让社会生活充满正气、和谐和温暖。② 抖音账号"阜阳师范学院"上传了 60 余作品，内容包括"扬阜师文化，传新媒之声""期末卡路里""阜阳师范学院首届大学生网络文化艺术节""考研系列"等，守正出新，通过这些精良的短视频内容，启迪、引导青年大学生向善向美。

第三节　内容运营久久为功

加强互联网的内容建设，大力弘扬社会主义核心价值观，培育积极健康、向上向善的网络文化，维护良好网络生态，维护国家利益和公共利益，为青年学生成长营造风清气正的网络空间，成为党的十九大后网络治理的应有之义。③ 从抖音的内容调性、社交氛围和覆盖用户属性各方面看，都可以发现大学生已经成了其重要的活跃用户群体。对于高校

---

① 汪甫洪. "小正大"原则在电视文艺节目创作中的实践 [J]. 视听界，2018 (05)：106－108.

② 朱娴. 守正出新 凝聚正能量 [J]. 视听纵横，2019 (01)：42－44.

③ 冯刚. 改革开放以来高校思想政治教育发展史 [M]. 北京：人民出版社，2018：300.

来说，如何发挥教育新媒体和各高校的作用，推动社会服务、教育建设、正能量传播，是比粉丝和流量更重要的议题。① 西北大学教授王晓梅认为："在研究数字媒体的问题时，很多时候我们都是隔靴搔痒，当我们在评论一些问题的时候，我们应该首先反思我们是否足够了解它。"视频内容的创新是一个从无到有的过程，高校抖音创作者只有深入了解抖音，积极尝试拍摄，从搬运模仿开始试水，最终达到自主原创。

现在大家都在讲抖音内容垂直深耕，真正能把定位讲透的却又少之又少。那么真正的垂直深耕是什么？定位是个比较宽泛的概念，抖音的锚定需求垂直深耕就是抖音内容的挖掘，简单地说就是你在抖音里，是做什么的，给粉丝一个清晰的人设。② 抖音的内容深耕就是不断地做减法，你能做什么跟你想做什么，这是两码事。有些人在没有真正定位前，发的视频偶尔还能上个推荐上个热门，但是做了更加清晰的"人设"以后，上热门少了，粉丝也掉了。为什么会出现这种情况，就是因为之前"人设"不到位，现在重新规划要付出代价。

一、从搬运模仿到拓展原创

抖音短视频的一大特点就是模仿，一个爆款短视频往往成为用户争相模仿的对象。社会学家、心理学家班杜拉将社会模仿学习分为以下四个过程。一是注意过程。指观察者将其心理资源关注于示范事件的过程，它决定着个体从大量示范事件中选择什么作为观察对象，以及从观察对象中获得什么信息。二是保持过程。指观察者将在观察过程中，获得有关示范行为的信息转换成表象的或概念的符号表征并存储于记忆之

---

① 商应美，魏宇静. 高校网络文化建设的现实考察与策略选择——基于教育部试点高校的分析［J］. 中国青年社会科学，2019，38（05）：53 - 60.

② 全能的老王. 抖音怎么做？内容定位是核心！［EB/OL］. 西点互联网，2019 - 01 - 11.

中以备后用的过程。三是生成过程。观察者必须生成示范行为，即观察者在外显行为水平上实现示范行为的符号表征，它是一个不断接近的概念匹配过程。四是动机过程。如果观察者没有学习被示范行为的动机，那么注意和保持过程不会导致生成过程。① 搬运是第一步，模仿是第二步，创立原创作品是第三步。

第一，抖音搬运工，筛出好作品。顾名思义就是把别人创作的素材"搬运"来进行再加工，大部分用户还没有很好的原创素材，搬运是个简单见效快的办法。搬运有两种：一种是内容搬运工，就是把其他平台看到的内容搬运到抖音上来。有的通过对内容的剪辑整合，留下符合主题的部分；有的通过混剪的方式，对内容文字、视频字幕、边框等做出处理。如 2021 年东京奥运会期间，奥运选手们的精彩画面被众多抖音账号进行再剪辑、加工、寓意，进行再传播。另一种是直接搬运，这是不得已而为之的作为，即将一些公开的、不涉及版权的内容直接剪辑，制作成自己的视频。高校一般照搬与自己宣传一致的社会热点、青年思潮的动向。这里需要注意的是，"搬运"需征得原作者的同意，或使用不涉及版权的视频内容，否则则可能构成侵权或者抄袭。

第二，模仿爆款，点亮自身。抖音短视频用户只需创建一个 15 秒的短视频，门槛很低。在点击自己开拍后，它会进入一个选择音乐的画面，而里面的热门歌曲也一般是 15 秒到 1 分钟以内，往往已经配好了声音，用户仅仅只需要配合音乐视频或者台词就能够拍摄一段颇为搞笑或者有趣的视频，以达到娱己娱人的效果。其中被模仿最多的就是当下的爆款视频。从最先从抖音上火了的《海草舞》来说，其歌词十分简单，节奏感强，大部分都在重复"海草、海草、海草"，而舞蹈动作难度较小，甚至于没有舞蹈基础的人都可以进行模仿与参与，因此《海草舞》一度成为抖音用户追捧的爆款。这个舞蹈的传播力非常强大，

---

① 于国庆. 大学生自我控制研究 [D]. 上海：华东师范大学，2004.

从网络上流传的视频来看，就连小学生和大学老师们都参与进来。成都商报就报道了《四川传媒学院副校长领千余名学生跳海草舞拍毕业照，现场燃爆》的新闻，该校副校长张书玉"豁出去了"，带领 1100 余名播音与主持专业的同学们跳起《海草舞》。① 四川传媒学院副校长张书玉表示，希望通过这段短视频来纪念学生的毕业照，多年以后，同学们回忆起母校，依然能嘴角上扬。《海草舞》在抖音短视频中还有许多海草舞的儿童版视频教学、幼儿版教学，可以看出其从线上到线下的影响力与渗透力在不断地增强。

第三，结合优势，激发原创。随着用户与抖音短视频的发展，在跟风爆款的复制化传播的基础上，越来越多用户开始自己创作。根据2018 年《快手 & 抖音用户研究报告》显示，用户创作的动机中，"模仿"成为第一动力。在抖音上，有 77.8% 的用户是因为看到有趣的视频而激发了创作欲。抖音短视频的传播不是单纯的线性传播，抖音短视频从发布到接收的过程是一个闭合回路，抖音用户可以是单纯的传者或受者，也可以兼二者于一身。当今时代，在快节奏的生活使人们的生活压力与日俱增的情况下，"抖音"短视频社区既能让人放松精神，又能打发碎片化的时间，同时也是"90 后"刷存在感的一种方式。② 青年大学生更愿意用标新立异的作品来表达自己的态度和观点，会通过各种搞笑的表情、肆意的姿态来表现自我。而千篇一律的模仿也导致抖音短视频出现同质化严重的问题，甚至是审美疲劳，因此原创性的内容更容易抓住青年大学生的眼球。如中国人民公安大学的官方抖音号，运用《燃烧卡路里》的曲调，加入新词创作《我要做排头兵》，充分表现了公安大学学生的日常生活，对平常大学生的打游戏、追剧、拖延病、宅

① 四川传媒学院副校长领千余名学生跳海草舞拍毕业照，现场燃爆 ［EB/OL］. 新浪网，2018 - 06 - 08.
② 王波波，张焱，牛丽红. 从"5W"模式解析"抖音"短视频火爆的原因 ［J］. 山西大同大学学报（社会科学版），2018，32（06）：94 - 96.

宿舍、熬夜等统统都说再见，每天清晨的集合、跑操、泡图书馆才是公大大学生状态；该条短视频获得34万个点赞、4667个转发。这条短视频充分表现了公安大学学生警容和风纪，以及同学们充满活力的大学生活，同时也传播了公安大学严谨、自律的优良作风。比如是一名高校教师，那么完全可以把自己准备的每一节课课件以图文的形式做成小视频分享到抖音，讲课时的真实画面拍成短视频，制作简单，素材丰富。

二、从跟风爆款到议题自设

高校抖音短视频内容既要考虑内容的吸引力，又要针对大学生群体注重贴近性，坚持有趣与有用并重的内容导向，推动高校抖音短视频与大学生思想引领融合共生、同向而行。"爆款"是经过时间与市场验证之后，比较受大众关注与欢迎的内容，可以是某时期引发热议的话题，也可以是某个大众瞩目的时间点或者地点。高校一方面要顺势而为，跟风爆款吸引流量"，另一方面也要挖掘有自身特色的"热点"选题，将"校本化"内容推向爆款，实现爆款式传播。

一是善用"热点时刻"。关键时间节点是高校宣传大学生思想引领的重要时机，借助春节、劳动节、端午节、国庆节、中秋节等法定节假日，以及五四青年节、七一中国共产党建党日、国庆等重要意义的纪念日，以及与高校相关的开学季、毕业季、高考季等时间点进行高校抖音短视频内容选题，往往能引起大学生共鸣，达到更好传播效果，甚至形成"爆款"作品。如：在2019年暑假期间各师范大学生开展教育实践活动，各高校纷纷参加抖音"回音计划"话题制作支教活动短视频，分享大学生支教故事，"回音计划"话题获得了1.1亿次播放量。

二是巧用"时代热点"。每个时代都有每个时代特点，高校抖音可围绕"时代大事件"主题传播主旋律，弘扬正能量。如：一带一路、人类命运共同体、十九大精神、改革开放四十周年新变化等都可作为高校抖音内容选材，制作出有态度、有温度、有深度的短视频宣扬主旋律，引领大学生思想引领。如：新时代爱国主义教育通过新中国成立七十周年主题，清华大学、上海交通大学、武汉大学等各高校抖音号纷纷发布传唱《我和我的祖国》的短视频，表达对祖国的热爱，献上对祖国的祝福，强化对大学生的爱国主义教育。

三是活用"社会热点"。对于社会热点事件，大学生不但关注还会参与评论，借助社会热点事件正确引导大学生明辨是非是大学生思想引领较好切入点。纵观 2019 年，无论是热血沸腾的养成系选秀节目"创造营"的 pick 热潮，还是垃圾分类活动的推进，或者是 D&G 辱华事件等都引来了大量流量与关注。高校可制作相关抖音短视频对这些社会热议的话题进行解读与分析，引导大学生正确表达观点；也可以通过在抖音短视频内容中加入主流价值观，主动表达态度与观点，引导大学生形成正确认知。

三、从"颜值正义"到"内容为王"

"颜值即正义"。如曾经的"外貌协会"一样，追捧颜值也是"爱美之心人皆有之"在当下语言体系中的表达。① 这就是新一轮的"颜值经济"。不难发现，越是内容优质、排版良好、制作精良的视频越能吸引用户关注、分享和点赞。因此，除了技术"硬实力"外，还应加强创作"软实力"，让短视频的"颜值"更有"言值"

第一，既有外在呈现，又有内涵表达。在欣赏一个人的时候总会发出感叹：始于颜值，陷于才华，忠于人品。由此可见，作为视觉动物，对一个人的喜欢最开始就是看颜值。在抖音中，会发现长得好看的小哥哥或小姐姐非常多，高校宣传也多用颜值高的学生为代表，总是热衷于"最美大学生"的评比。国内一家移动社交APP曾发布《"95后"陌生人社交报告》显示，62%的90后用户表示，主动跟人搭讪的原因是对方的

---

① 独家调查　颜值即正义［EB/OL］．搜狐网，2018 - 1 - 20.

头像或相册照片好看，"95 后"用户选择该项的比例更是达到81%。在看脸的社会里成长起来的"95 后"，当然也是"外貌协会"的"忠实粉丝"。因此，高校在抖音宣传思想政治教育，用高颜值的学生形象，更容易引起用户的注意力。需要主要的是，这里的"颜值"不是单纯片面指外貌的突出，而是出镜人物的精神风貌，所传递的价值理念，所展示的内涵底蕴。同时，据数据显示，在抖音短视频中，有53.3%的用户最爱有才艺这类的用户，这说明近半数的用户对才艺的关注度较高。在"内容为王"的当下，有才的内容更能提高用户黏性，有才华的教师也格外有魅力。高校思政有才网红也有，如复旦陈果，也是用独特的哲学思维诠释人生道理，上好思修课。

第二，既有感官刺激，又有感情共鸣。罗兰·巴特曾认为，摄影是一种"没有符码的信息"，照片里的身体是直接的、感官的、经验的，具备立刻的阅读效果，不需要符码意义的翻译和转换。然而，美颜软件的出现，则打破了这个判断。"美颜"这个行为本身成为一个符号赋意的动作，自拍照片是能指，社会主流审美和用户容颜的自我想象则成为所指[1]。在自拍时代下，美颜与滤镜迎合青年表达需求，满足青年自我展现的表现欲。但是，优秀的内容仍是获得推荐的根本。抓住了内容的本质，同时也是抓住了用户的本质[2]。高校结合青年学生个性化的特点，利用抖音平台提供的炫酷特效，以及美化的美颜与滤镜包装内容，用新鲜好玩的创意类短视频吸引青年学生的注意力。因此，推出高质量内容更容易引起青年注意力。在"记录美好生活"的主题下打造个性化高校抖音短视频，同时善于调动青年学生的情绪共鸣，达到情感共通。可以运用青年学生好奇、思考、探索、满足幻想、感官刺激、强烈

---

① 刘汉波. 自拍，一种互联网时期的青少年亚文化——从自我凝视、数字造颜到脸谱共同体 [J]. 中国青年研究，2017（11）：12 – 17.

② 许嘉晴. "抖音热"的深层次分析 [J]. 中国科技博览，2019（9）.

冲突等心理，提供相应的创意内容让青年学生心理产生情感共鸣。抖音内容有魔性在于抓住了内容的本质，满足了青年学生的好奇心、共鸣感、新鲜感以及学生的七情六欲、五感六觉。①

四、从走马观花到聚沙成塔

高校网络思想政治教育的研究应从"无"到"有"，网络思想政治教育阵地也从"消极被动"到"主动占领"。② 因而高校有效运营抖音，离不开"绵绵用力，久久为功"的韧劲，只有这样才能把抖音账号干出彩。建立选题库正是为了保持这份韧劲。建立选题库有助于发布抖音内容的选择，以便于每次发布内容都有素材可摘取，好记性不如烂笔头，只有把平时见到的东西记下来并分类规划才能保证在创作抖音内容时有足够丰富多彩的资源。在创作的过程中，先选定议题再找素材的方式并不适用于抖音自媒体的内容创作，因为抖音账号面对的是一个一对多的模式，那么当运营者在找素材时就不得不挑选其中几个来创作内容，这就给内容创作带来了一定的局限性。所以可以先去找素材和资料，再放入选题库，当自己有想法有创意时可以形成内容之后再去想命题。

1. 保持记录

在日常生活中保持敏感的选题感应能力。③ 不管是现象级的流行事件，还是电影、剧场中的桥段，只要有意思能引发共鸣就立刻记录下来。记录不能只是单纯地收藏和抄写，而应该同时记录下当时的想法——为什么当时的内容值得记录。高校思政工作者可日常多参与流行

---

① 高宏飞. 简析"抖音"火爆背后的传播规律［J］. 新闻传播，2018（14）：49－50.
② 李中原. 高校学生网络舆情的动态监测路径与防控机制研究［J］. 现代情报，2019（08）：171－177.
③ 曹雯. 论新闻敏感意识对期刊编辑的重要性及培养途径［J］. 传播力研究，2019（15）：152－153.

事件、刷抖音也可以让记录者有更好的流行触感，同时学习最新的创意和创意展现手段。最重要的就是养成习惯，把日常积累过程变成工作流程的一部分，比如每天早上可以逛一下微博、知乎、豆瓣等青年大学生常驻网络社交平台，关注最新讨论动态，搜集 3—5 个选题备用。

2. 分类整理

经过一段时间的积累，选题库往往会堆积起五花八门的素材，定期整理分类会让素材变得更可用、易用。每周至少对素材进行一次分类整理，添加不同的标签。例如，事件标签：考试、上课、社团活动等，场景标签：宿舍、食堂、教室、操场等。整个分类能极大地降低素材的搜索成本，理清创作思路。

3. 二次挖掘

如有余力，还可以将自己整理好的素材库中的思考内容进行全盘的复盘梳理。因为伴随着时间的增长，人的认知和创作能力通常是变化的，[①] 很多首次梳理的想法和观点角度在时间增长后都会有所变化，进行定期梳理能够让创作者挖到更多的内容。如果是在分析其他高校的作品时，要多思考同行在创作过程中经历了怎样的策划过程，这种推导过程非常有利于策划能力的成长。如果在这个阶段能引入不同视角的人进行头脑风暴，用不同视角进行补充，则效果更佳。

---

① 尹鸿，梁君健．"网生代元年"的多元电影文化——2014 年中国电影创作备忘 [J]．当代电影，2015（03）：4 – 12.

第八章

拍摄技巧：小制作也有大场面

当代大学生以"95 后"和"00 后"为主，他们追求新潮，个性突出，对于新鲜事物和未知世界，他们乐于参与、敢于尝试、勇于创新。传统的单一课堂灌输式思想政治教育方式效果有限，并无法适应现代化高校建设，这就需要高校思想政治教育者有敏锐的目光、前瞻的思想，充分利用微载体的诸多优势，使高校隐性思想政治教育焕发活力，潜移默化增强隐性思想政治教育的实效。① 基于此，越来越多的高校加入了抖音大军，受限于高校人力、物力、财力的限制，如何用"小制作"创设出思想政治教育的"大场景"是高校思政工作者需要思考的问题，本章节探讨如何利用"小成本"的器材、布景、演员、背景音乐、剪辑手法来辅助思想政治教育内容的更好呈现。

第一节　器材——百元搞定大片道具

拍摄器材决定着视频画面的清晰度、色彩和流畅度，因此，要拍摄一部具有吸粉能力的短视频，首先要明白，在拍摄短视频时，究竟什么

---

① 杨春，陈晓旭．"微时代"高校隐性思想政治教育的创新研究［J］．思想政治教育研究，2017（05）：102－105.

样的拍摄器材更适合视频的创作。随着社会的不断发展，视频拍摄器材的科技含量越来越高，在选择适合的设备时，操作方式和便捷度是重要的考量方式，同时每个人对于拍摄器材效果的追求又不相同。

视频是抖音的灵魂。那么，拍摄器材自然至关重要。有了拍摄的器材，才有了摄影。离开器材谈拍摄，打个比方，就和离开汽车谈驾驶一样毫无意义。摄影器材的范围很广，除了大家熟知的照相机以外，主要包含各种变焦镜头、定焦镜头、闪光灯、各种用途滤色镜、相机包、照相机脚架、影室闪光灯、柔光箱、各种灯架、反光板、反光伞、外拍灯、摄像灯、石英灯、镜头盖、遮光罩、三脚架、独脚架、相机清洁用具、快门线等，还包含上述器材的附件等。在不同类别的摄影类型所占比例有巨大差异。摄影圈里也不缺乏争论，各种观点各执一词，这就有了技术党与器材党。

从抖音规模庞大的数据体量中不难看出，零参与门槛和低技术难度让抖音成为国民级的短视频平台。抖音上的创作者不像专业视频生产和传播平台有高端的电子设备，但这并不妨碍用户在平凡的生活中用最平民化的道具制造惊喜、分享美好生活，成为一名真正的技术党。

一、拍摄器材

1. 手机

如今，摄影并不是专用照相机的专利，手机是青年大学生最喜爱的摄影器材。手机摄影优势在于轻便与多功能。一部手机，既能通电话，又能上网，还能即时传输。便于携带不占地方，可随时随地记录下真实的影像和场景。手机摄影的优势还在于快捷。生活中由于不是专门去完成摄影任务或者去旅游，一般不会带相机，全民手机时代的到来使得手机成为人身上不可不备的工具。因此，一切发生在人身边的事件，都可以第一时间记录，且随手就来，方便快捷。当下，用手机拍摄个小短片视频，可以说是家常便饭了，但是很多情况下效果往往不尽人意。手机拍摄小技巧起着重要作用。

由于手机比较轻便，在手持手机的时候很容易发生抖动，在拍摄的过程中，最好需要借助其他物体来稳定设备，比如在拍摄静态画面时，如果身边有比较稳定的大型物体，如大树、墙壁、桌子等，可以借助它们来拍摄。拍摄者可以手持手机，并将手机的一面固定在墙壁、大树或是立在桌面上，形成一个比较稳定的状态，但这样虽然比较稳定，但机动性较差，也很容易拍摄到墙壁、桌面等物体。如果条件允许的话，最好还是架上脚架，可以利用三脚架玩玩延时摄影，使拍摄的视频更有新意。此外，选用带有光学防抖功能的手机，也能在一定程度上稳定拍摄的画质。

由于手机摄像头对焦的机制，并不如单反等摄像机手动对焦效果那样好，所以加入在拍摄视频的过程中重新选择对焦点时，会有一个画面由模糊到清晰的缓慢过程，很容易影响观看者的注意力，如果不是刻意为之，在按下摄像键之前，最好关掉自动追焦的功能。① 此外，还要先找好对焦点，避免在拍摄的过程中再次对焦，保证画面的流畅。

华为手机是当下大学生最喜爱的手机品牌，其相机功能值得一提。在使用华为手机摄影时首先点击启动手机自带的相机应用，打开相机拍摄的主界面后，用手指向左滑动屏幕。这时，将会打开设置界面。在设置界面中，点击进入"分辨率"一项，将分辨率设为最大，回到设置界面后，再将下面的"目标跟踪"开关打开。这个开关打开后，将有助于我们对焦。将以上设置完成后，我们回到拍摄主界面，再用手指向右滑动。这时将打开"模式"设置页面。在模式设置页面中，将 HDR 开关打开。打开此开关后，在拍照时会自动连拍三张，然后系统再根据

① 你的手机也能拍出大片？七大小白视频拍摄技巧大集合［EB/OL］. 搜狐订阅号"志云科技传媒"，2018 - 12 - 27.

这三张照片采用智能算法自动合成一张细节更丰满的照片。如果是在弱光环境下拍摄，或是阳光直射下拍摄，打开这个开关会令成像效果大为改善。当然，这个 HDR 模式也有一些缺点，就是拍摄运动物体、高对比度物体或是色彩过于鲜艳的物体时效果不佳，大家可以根据自己的实际情况酌情选用。

除了华为手机外，还有小米手机、Vivo 手机等等，它们的 AI 拍摄功能都是非常强大的，可以识别多种类别环境，这个功能就是你在拍摄的时候，它能够自动识别你所在的环境和拍摄内容，如：美食、人像、夜间、近距大光圈等，然后帮助调节你的颜色或者环境的颜色。比如你在晚上拍摄的时候，它会在屏幕上提醒用户已切换到夜景模式。当然如果在拍照或录影的时候，不想用它也可以关闭这个功能。现在市面上的多款手机还有慢动作拍摄的功能，可以拍出放慢了的动作，甚至可以拍摄到放大多倍数后月亮、云朵、星星等运动的轨迹。

2. 单反相机

现在很多单反相机都具备录像、摄影的功能，从设备上来说，单反相机拍视频主要是在进行镜头推拉移动的操作上比较麻烦，因为需要足够的设备才能更好地进行理想的拍摄环境。首先需要准备一套镜头，拍摄的时候不能变焦，需要手动对焦；其次还需要一些必要的辅助设备，如三脚架、独脚架、滑轨等。但是使用单反相机拍视频最大的优点便是它可以手动控制镜头虚化，由虚到实，由近到远，拍出类似看电影的感觉。

其实使用单反相机拍摄视频有着天然的优势，单反相机的传感器要比普通摄像机大许多，传感器越大，就越能捕捉到更多光线以及层次。好比于使用一个适合拍摄全画幅相机的镜头，可以拍摄到更广阔的场景。单反相机的高像素也能够让视频的画面更加清晰，现在更新的许多相机都能够达到 4K 视频。倘若在拍摄过程中更换镜头，还可以拍摄到更多角度、更多空间的美。

3. 航拍设备

航拍因为其独特的优势，在影视作品中多用来交代环境或者人物与环境的关系，在好莱坞大片中，每当开片或者转场时，航拍镜头也多用来确定整场的影片基调。随着无人机技术的普及，特别是消费级的无人机及其影响系统的发展，航拍镜头的成本越来越低。可能部分人对航拍还比较陌生，没有亲自操作过无人机，航拍不仅仅是从上往下拍，它对摄影的影响很大——让摄影取景有了更多选择的角度；也可以为拍摄节约更多的时间，让创作更加自由且有高度。

航拍技术在摄影上弥补了单机（手机、相机）在高度和广度上的缺陷。无人机航拍影像具有高清晰、大比例尺、小面积、高现势性的优点。特别适合获取带状地区航拍影像，如公路、铁路、河流、水库、海岸线等等。其次是操作性强。航拍机拍摄时，可以将拍摄的画面实时传输到飞手的控制屏幕上，飞行高度、距离、画面等等都可以应要求及时做出调整。灵活度高也是明显优势，航拍机的体积较小，机动性很强，除了便于用户随身携带，在复杂的地形条件（如丛林、建筑物）或者人流量较大的地方都能够灵活穿梭飞行。

大疆算是国产航拍机中较好的一款设备，功能上可靠、稳定、画面质量好，可以自动避开障碍物或者开启智能飞行模式，航拍机子采用双目立体视觉技术，能够实时感知飞行前方30米的环境情况，可对范围内的障碍物前自动刹车或绕行，加大了飞行的安全性能。

而对于经营低成本影视作品的影视从业者、热爱拍摄视频的业余爱好者和学习电影的在校学生而言，现在市场上都有销售价格实惠的小型航拍机，几十元、几百元不等。如4K航拍折叠无人机，机臂采用经典三维折叠设计，折叠后的飞行器面积仅相当于一部手机，能够方便用户轻松掌握。类似的航拍无人机不仅能够平时、俯视进行全方位摄影，还能够开启智能跟随模式，操控飞行器飞行在距离控制者 5 米距离，飞行器即可自动跟随操控者移动，实时自动跟随航拍。

二、辅助工具

除了主要拍摄器材之外，拍摄短视频辅助工具不可缺少。

1. 脚架

无论是视频拍摄的专业技术人员还是业余爱好者，进行视频拍摄一定离不开三脚架的帮助。三脚架最重要的功能即稳定摄影机，改善画面，完善拍摄技巧，从而吸引更多的粉丝。同样，可以根据拍摄预算选择适合的脚架。

目前，市面上最常见的为合金三脚架和碳纤维三脚架了，合金三脚架价格便宜，稳定性也不错，但是重量上不占优势，市面上有售的如伟峰牌三脚架很多都是合金材质的，且很多价格都在 100 元以内，这类的脚架就比较适合大学生的经济水平。

碳纤维三脚架质量稳定性都非常好，最大特点就是重量比较轻，便于携带。但价格都是居高不下，基本都是千元级别的。在选购或使用三脚架的时候要注意两点。一个是伸缩节数。伸缩节数对三脚架的便携性和稳定性起着很大的作用。伸缩节数太少会导致脚架过短，但伸缩节数太多又会导致稳定性的下降，如 3 节结构要比 4 节结构更稳定。假如不是高质量的三脚架或对高度有特殊要求的话，建议购买 3 节式三脚架，它也是目前比较常用的。另一个则是锁扣。扳扣式和旋螺式是锁定三脚架伸缩管的两种方式。扳扣式三脚架操作起来更方便快捷，但它容易损坏。目前市面上比较高档的三脚架很多都采用扳扣式。旋螺式三脚架由于没有外突物，比较便于携带。在购买三脚架的时候，可以根据个人的条件和喜好进行选择。

2. 自拍杆

在照相技术出现后，帮人拍照和被人拍照并非是仅有的两种拍摄方法。把相机反转过来对自己瞎拍，对着镜子拍，都是以前主要的自拍方式。而现在自拍杆的出现解锁了当代年轻人自拍的很多新技能，使用自拍杆，由于加了自拍杆的长度，能够有更大的拍摄可视角度，那么不管是拍个人，还是拍群体，能够进入画面的内容就越多。所以当需要与众多好友一起合照，或者想让自己身后的美景更多地进入画面就可以使用自拍杆。

自拍杆是风靡世界的自拍神器，能够在 20 厘米到 120 厘米长度间任意伸缩，轻松收纳，随用随取，使用者只需将手机或者相机固定在伸缩杆上，通过遥控器就能实现多角度自拍。除了市面上的简单功能的自拍杆，现在市面上还新增多款功能独特的自拍杆，还有华为三脚架无线自拍杆，其优势不仅在于三脚架与自拍杆的结合，更配置有防手抖蓝牙遥控器。创新的手机三脚架 + 自拍杆一体式的设计（手柄打开是三脚架，合上是自拍杆），能够切换不同的模式，随心记录生活的美好瞬间。

3. 灯光照明设备

对于短视频来讲，布光是一门非常讲究的学问。想要精准地对场景进行布光，需要研究主光、辅助光、背光、侧光、实用光源等的使用技巧。学会这些技巧之后，视频将更加有层次感，能成功提升好几个档次。但是这种布光技巧的提升是非常缓慢的，需要长期的摸索和试错，并且前期效果可能并不明显。因此，需借助灯光设备。在弱光或夜景的环境下，手机拍摄的视频中很容易出现噪点，影响美感，在没有专业设备的情况下，最好借助周围的灯光，如路灯、公交站的广告灯、室内灯光等。最好的方法就是根据实际需要选择适当的灯具。①

例如，美颜 LED 灯。传统的 LED 灯是直接发出红、黄、蓝、绿、青、橙、紫、白色的光，比冷光灯更适合近距离和创意拍摄，使视频画

---

① 手机拍摄视频的七个小技巧详解［EB/OL］. 央广网，2014 – 10 – 18.

面更加丰富。而当下短视频拍摄不可或缺的美颜 LED 灯可谓，是大学生拍摄视频中的宠儿，操作简单效果又极佳。美颜灯兼顾在实际操作中的简单性与便捷性。无线遥控、双供电电源、无极调光、通用接口等便携性操作功能全集于一身，毫不夸张地说，是打开即可用，让高亮的光线更加柔和均匀，适合美颜直播、自拍补光等。

其他照明设备附件。反光板、调光器等都是常用的改变光线工具。反光板是拍摄时所用的照明辅助工具。用锡箔纸、白布、米菠萝等材料制成。反光板在景外起辅助照明作用，有时做主光用。不同的反光表面，可产生软硬不同的光线。反光板面积越小，效果越差。调光器也是常见的装备，是改变照明装置中光源的光通量、调节照度水平的一种电气装置。大容量并构成系统的称为调光装置。它的基本原理是改变输入光源的电流有效值以达到调光的目的。

第二节 布景——巧设时空营造氛围

随着社会科技的不断发展，人们的生活水平和精神追求也越来越高，在视频的欣赏上，也不单单是追求内容的精彩，而同时看画面的美感。要想提升视频画面的整体品质，效果最明显的方法就是对短视频的场景进行重新布置。对短视频的场景进行重新布置，能够显著改善短视频的质量。针对高校大学生群体，布景的制作分为软景制作、硬景制作和电脑布景三种。软景制作指是由布材料商画出不同景物或单独使用呈现出不同画面，包括条屏软景、画天幕软景、绳幕软景和网幕软景。硬景制作顾名思义则是选用白松等质地相对较轻的木材，将木材和视频拍摄情况相对，进行组合。硬景制作有助于达到立体效果，若进行涂色等加工，可以达到以假乱真的效果。电脑布景，就是利用人工智能，通过电脑随意改变物件形状和大小，或进行添加和删除进行绘制虚拟场景。

这一类布景类型可重复使用，应用于不同的视频当中。

那么，根据视频内容进行设计。在高校中常见选景可分为三种。

一、学生宿舍

学生宿舍是高校教室短视频拍摄重要选景之一。如果拍摄背景选在室外，那么想要将室外的背景布置得高大上是非常困难的。因为布置室外背景的时间成本以及金钱成本都非常大，并且也很难布置出想象中的效果。最简单的方法就是更换场景，比如更换到室内或者其他稍微狭小一点的空间中。那么学生宿舍是既贴近学生生活，又较好把握的场景。如果把背景换在这样的地方，视频画面整体的气质容易提升了，比如可以用墙面来当背景，如果觉得墙面太白，也可以通过增加一些书架、花卉、照片等东西来装饰墙面。这些方法成本低、效果明显。

二、教室课堂

高校教室的选景也是常见的一种。提到教室，一贯的印象就是讲台、黑板、桌、椅等。虽然这样的设备简单，但能拍出简单清新的校园风视频。厦门六中合唱团视频在网上爆红，除了其中敲打音律的创意外，视频布景也是视频受欢迎的原因之一。从发布的几个视频里可以发现，厦门六中的视频皆是选用教室或图书馆为背景，光线充足，给用户带来一股清新感受，这是高校抖音创作者可以学习的。大学生充满朝气，选用学生生活中熟悉的场景，有助于显著提高短视频的受欢迎水平。

三、标志建筑

除了学生宿舍与课堂教室，高校大学生最熟悉的场景就是校园中的标志建筑。因此，在校园标志性建筑周边选景也是个不错的选择。课余时间漫步在操场上，学生在嬉笑、追逐、散步，他们在这里相识，也在这里相爱，这里的每一个瞬间、每一个回忆都是那么的美好，所以操场是拍摄校园的必选地。操场的空间很大，而且还有天然的草坪，再加上蔚蓝的天空，青春感爆棚。同时，硕大的校园里总有学生津津乐道的建筑物，在这种具有标志性建筑物的面前进行拍摄非常地具有意义，也能证明曾经我们在这里相遇过，一起奋斗过。结合这些建筑可以将视频拍摄出青春校园的气息。

最后，要注意布景的设计需要把握短视频的总体，具体到各个细节部分，促进整体的统一。对场景的处理要与视频内容相互配合，营造所需气氛，提高视频感染力，才能吸引更多关注，给观众带来不一样的视觉感受。

第三节 录制——身体叙事戏精诞生

100W＋流量短视频，摄影技巧与布景功不可没，与表演者的表现密更是不可分。因此，演员的演技是优秀短视频中不可或缺的。对于高校思政工作者来说，一方讲台就是自己的舞台，授课教学就是自己"演技"的一次精彩展现。

一、演员演技

"叙事（narrative）是无所不在的言语说辞，它是将事件过去、现在与未来的素材组织成叙事结构的动力，最后造成了我们所说的言说文化实践。"[①] 叙事其实就是"讲故事"，是将故事人物、情节、来龙去

---

① 肖惠荣，曾斌. 叙事的无所不在与叙事学的与时俱进——"叙事符号与符号的叙事：广义叙事学论坛"综述［J］. 江西师范大学（哲学社会科学版），2015（48）：72.

脉、表达的中心思想等向受众阐释明白，所以所有的传播都和叙事相关，现代所有的媒体传播机制，无论是文本还是声音，抑或是影像都靠叙事来建构。PGC 短视频作为视频的一种艺术呈现方式，具有典型的叙事特征。一则几分钟不等的短视频具有其典型的风格特征，这就通过其对情节的铺垫和转承、镜头语言的运用与视频的剪辑等形成独特的叙事。叙事往往和结构主义和符号学相关，同时叙事具有很强的互文性特质，PGC 短视频都将这些特质进行很好的呈现。

演技是以正确的语调来诠释不同情感。不同类型的视频对演技的要求也不一样。那么适合高校师生"出演"的视频类型有哪些呢？

1. 脱口秀类视频

段子类视频倾向于表现夸张，声情并茂。一般来说，脱口秀的形式即铺垫＋笑点。由铺垫可以制造一种预期，预期来源于"核心假设"，笑点即通过对核心假设的再解读。但要注意两点：第一，抖音和脱口秀不一样，抖音更加注重表演艺术，而不是语言艺术；第二，段子的使用不仅仅只在剧情情境下使用，"于无人处发声"才是真正的创意。

在网络上流传一条长约 30 分钟的脱口秀视频，平均一分钟有两三处笑点，引起网友围观。这是徐州工程学院理工科教师朱捷为大四学生上演的一出脱口秀。脱口秀里，这位老师自黑"掌握数十种整学生的方法"，说自己"是化工学院一朵奇葩"。35 岁的朱捷老师说："这是我带的第一个班级，大家在一起四年了，一年前我就想着在毕业晚会上，给大家表演一个节目！"朱捷在临近晚会一个月的时候，他对负责晚会组织的学生说自己要上台："当时没有说具体什么节目，但已经有谱了，脱口秀。"5 月 25 日晚会表演结束，他发现自己的脱口秀"威力十足"。节目中，他像电影分类一样，为毕业生们总结了整个大学生涯："刚进校，大家都立志在大学里大展拳脚，是一部文艺片；因为有梦想，上课认真，老师教得起劲，是科教片；后来耐不住寂寞，找了男

158

女朋友，上演爱情片。"赢得学生的一片好评。①

2. 故事叙述类视频

这类视频需要达到的是恶搞、可爱、反差萌或欲望等直接搞笑的结果。演员通过夸张（夸大，或者夸小）、拟人与拟物、洁群完全相反性质（抖音上美与丑、胖与瘦、男与女、老与少最为常见的）等角度，以及通过肢体动作或语言表现。模仿有几点需要注意：被模仿对象有特点，有热度；模仿者适合模仿此对象，从而才能达到喜剧效果或以情动人的效果。与其他几类视频相比，这类视频对表演者的要求较高。毕竟高校教师不是科班出身的演员，演技自然不能相互比较，短视频对演技要求相对较低，只要在平常多多练习，多多模范，与学生多多沟通，询问其观看感受，演技自然与日俱增，吸引粉丝数量。

3. 剧情发展类视频

这类视频是针对已经有一定热度的视频进行剧情延续，形式有反套路、剧情发展（后续情节）、开始恶搞、态度回应等。多与神转折和其他手法结合。② 与其他视频比较，此类视频演员通常设定人设，为之后剧情做铺垫，有一定的固定台词，每个视频采取同样的节奏，通过表情、变声等完成拍摄。

二、拍摄技巧

现在很多单反相机都具备录制视频的功能，那么单反相机如何录制视频？

1. 使用手动对焦

许多数码单反相机用户可能不会习惯手动对焦，因为在数码单反对

---

① 刘清香. 另类脱口秀赠别毕业生 自黑有数十种整人方法［EB/OL］. 人民网，2014 – 06 – 06.

② 抖音干货分享：四种火爆抖音可模仿的内容策划套路［EB/OL］. 搜狐订阅号"SEO 分析官"，2019 – 02 – 19.

焦功能日益强大的今天，许多用户已经将对焦完全交给了相机本身，所以手动对焦会变得非常的陌生。但是要使用数码单反相机拍摄高清短片，必须要使用手动对焦。数码单反在实施取景时的对焦能力很弱，在拍摄短片自动对焦更是会影响到画面的曝光等参数，所以一定要学会使用手动对焦。

2. 尽量使用 M 档的曝光设定

数码单反相机有着许多高级的拍摄模式功能，除了一般的 AUTO、光圈优先和曝光优先外，如何熟练掌握 M 手动曝光模式的操作成为拍摄短片必不可少的技能。通过使用手动曝光模式，可较好地设定相机的拍摄参数，无论是快门和光圈或是 ISO，直接参与到相机的参数设定中，可较好控制画面的曝光成像。

3. 使用 1/50S 的快门速度和 ISO 200

快门的速度会直接影响到相机的曝光时间，配合相机光圈的组合，长时间的曝光所带来的问题最大的便是手持相机时的抖动问题。在使用数码单反相机拍摄短片时，应该使用1/50S 的安全快门速度，这可保证画面的准确的曝光，还可有效地防止相机的成像模糊。将 ISO 数值设定为 200，可防止因高 ISO 而产生的画面噪点，提高成像质量。

4. 建议将镜头光圈设定为 F5.6

由于数码单反相机的有着比较大的 CCD 尺寸，所以在拍摄短片时可营造比较浅的景深。但是相机特别是在使用大光圈镜头拍摄时，由于景深非常地浅，会直接导致画面的焦点偏移。使用较为小的光圈数值，一方面可以增加图像的景深，另一方面可增加画面的清晰程度。

5. 避免使用自动白平衡设置

自动白平衡功能虽然在拍摄照片时比较简便，但是在拍摄视频时却并非如此。由于拍摄短片时会有较多的环境变化，使用自动白平衡会直接导致几段拍摄的视频画面颜色不统一，使得画面出入很大。

6. 使用高速储存卡

高清短片的拍摄对于相机储存卡的读写要求比较高。性能优秀的储存卡不仅可快速地录制高清短片，防止画面丢帧，还可避免相机或储存卡发生故障，免去不必要的麻烦。

第四节　BGM——先声夺人，身临其境

"我们一起学猫叫，一起喵喵喵喵喵……"

"321，爱就像蓝天白云，晴空万里，突然暴风雨……"

"你说你喜欢森女系，而我多了一个 G……"

就算不玩抖音，这些魔音穿耳的 BGM 神曲想必大多数人都听过。这些神曲不仅霸榜了各大热门视频，在抖音日活超 1.5 亿、月活超 3 亿的惊人的用户渗透下，更入侵了所有网络视频领域，不夸张地说，有 BGM 的地方就有抖音神曲。BGM 为抖音的蹿红起到了不可替代的作用，不相信，可以将手机调成静音，看 30 分钟的抖音，感受下。选择合适的 BGM 成为拍摄的重要一环。

短视频是为观众提供视觉和听觉的一种艺术表达形式，背景声音除了配合画面内容的发展之外，更是短视频主题内容的重要表现形式。背景音乐（Background music，简称 BGM）是抖音初期最受欢迎的玩法之一，这赋予原创音乐更多可能性。合适的背景音乐，不但能增强短视频画面传递的感情，还能让视频更有代入感，调动观众的情绪，满足用户视觉与听觉上的享受。当然要选择和视频成片匹配的背景音乐，还需要短视频运营者掌握足够丰富的音乐素材，才能挑选出符合成片风格的音乐。虽然挑选背景音乐有很大一部分是根据个人主观情绪来选择的，但是其中存在的门路技巧还是有迹可循的。

一、声音构成的原理

1. 主观性声音

主观性声音是指在短视频拍摄过程中不存在的，在短视频后期制作过程中，为了丰富视频内容而添加上的声音。短视频中出现频率最高的就是主观声音，因为创作团队在添加声音时，往往是为了使短视频更加符合实际生活，更容易得到观众的认可。

2. 客观性声音

客观性声音是指在拍摄过程中就存在的声音，即短视频中存在客观发声体，例如，生活中人物的语言声音、汽车喇叭声以及各种嘈杂的声音等，如果短视频的内容需要这类的声音，那么在后期制作时，就会把这部分声音保留下来，以更好地还原人物生活的真实场景。在短视频中，对于客观性声音的运用，往往达到的效果都是出乎意料的。生活中还存在着一些特殊的客观性声音，如音响和解说词等。客观音响的作用就是使短视频中现实生活部分更具真实性。而主观音响就是在特殊的场景，直观地反映人物的喜怒哀乐，为短视频的画面增添氛围。

在对声音的处理上我们需要注意几点内容：

第一，在短视频中，同一画面经常会出现多种不同的声音，这时就需要对其中的声音进行处理，使其中一种声音突出，以引起观众对该声音发声体的注意。

第二，在短视频的创作过程中，总会有多种声音的并列组合出现，用来表达特定的场景，例如，表现街道繁华的人声和车喇叭声等。但是，在处理声音时，需要对声音的主次进行适度的调节，把最能表达短视频内容的声音进行放大。

第三，将不同发声体的声音按照短视频内容的需求进行安排，使它们之间形成反衬效果。

第四，用同一声音为同一事物或动作进行渲染时，将声音进行此起彼伏地处理，用来渲染场景的特定氛围。

二、背景音乐的选择

短视频的播放节奏和内容上的情绪大多都是通过背景音乐带动起来的，不同于普通的叙事类视频，短视频的画面更有冲击力。而这种冲击力，主要是通过背景音乐和短视频画面节奏的相互匹配表现出来的。一段音乐都有不同层次的转换，既保证背景音乐与短视频内容相互呼应，又能强化音乐感，让画面和背景音乐毫无违和感。音乐的节奏要和短视频的画面互相匹配，但是在音乐类型的选择上也不要一味地追求节奏和所谓的"感觉"，从而忽略了音乐对视频内容造成的隐性干扰。短视频中添加背景音乐，只是为了在视觉的基础上，让观众的听觉也动起来。通过两者的结合，让视频中的剧情更加震撼。因此，在背景音乐的选择上很重要。

通过上面的介绍，相信大家对短视频中的声音有一定的了解，下面就青年学生喜爱的热门抖音视频背景音乐类型简要谈谈。

1. 有感染力的旋律

从歌曲本身看起，抖音上走红的歌，种类繁杂，从情歌到摇滚再到新闻同期声片段，似乎都有可能走红。然而从旋律来看，必须具有感染力。

一是"顺耳"。如一些在专业音乐领域的"口水歌"，旋律简单易上口，很多歌你甚至听个两遍就能唱出来了。对于受众而言，"顺耳"的歌词更容易让人产生记忆点，从而加深对视频所传达内容的印象。

二是"魔性"。魔性主要是指不断重复洗脑，在你即将听烦的时刻戛然而止，当你满脑子都回响着"海草海草"的时候，怕已是中了抖音的毒。这种现象就是"不自主的音乐想象"，脑海中不断回旋这些旋律，反反复复，想不记住都不行。比如，原本《隔壁泰山》，突然插入一段扯着嗓子的"嗷嗷"嚎叫，强行创造记忆点，颇有神曲《What does the fox say》的势头。这样在十几秒之内充满戏剧性转折的音乐，辅之一画面的冲击，达到了入耳入心的传播效果。

2. 有现场感的歌词

为了在短短十几秒内使抖音短视频的特性得到更好发挥，歌曲可截取三五句话的部分，歌词非常场景化，运用大量动词，以配合视频拍摄的动作。比如让比心猫走红的《123 我爱你》，"轻轻贴近你的耳朵，莎朗嘿哟"，让猫照着歌词一笔一画地摆动作，简单几秒的"手势舞"就获粉无数，如《建党百年主题 MV – 少年》，直抵人心的歌词，加之生动的画面，一句"我还是从前那个少年，初心从未有改变，百年只不过是考验，美好生活目标不断实现。"刷屏网络。

第五节　剪辑——化腐朽为神奇

剪辑既是影片视频制作工艺过程中一项必不可少的工作，也是视频艺术创作过程中所进行的最后一次再创作。短视频的后期剪辑，直接决定着一个短视频的好坏以及短视频的意义，剪辑体现着短视频的审美品位，制约着短视频的质量，有利于营造短视频风格，更是短视频思想的最终体现。完善的剪辑技巧，可以有效地提升短视频的质量，是创作优秀短视频作品的关键。

如果对拍摄的效果更有追求的话，就要善于使用后期编辑软件了，对于大部分非专业的高校从事者来说，直接使用手机来剪辑视频就最为简单了，尽管在手机上编辑视频远远不够电脑来得专业和强大，不过对于轻度使用者，还是值得推荐的。

一、剪辑内容

剪辑根据内容，可以分为以下几点。

1. 镜头的组接

镜头的组接就是以导演剧本为依据，按照最好的短视频效果，对短视频中的单独画面进行筛选和去芜存菁的裁剪，最终有思路、有逻辑、有创意地连贯在一起。剪辑镜头的组接可以大致分为分剪、挖剪和拼剪三种。

2. 短视频结构调整

对短视频内容顺序的调整、裁剪以及结构的改动，组成短视频的完整结构。典型的方法是变格剪辑，即根据视频中剧情的特殊发展，对画面素材中的动作进行变格处理，形成对剧情动作的夸张和强调，这种方法是渲染氛围的重要方式。

3. 视觉效果优化

视觉效果的设置包括衔接过渡和特殊视觉等，典型的有 3D 效果、动态文字效果、滤镜效果和抠图效果等。为了避免整个短视频的画面过度地规律，在添加各种视觉效果时，一定要安排好各个视觉效果使用的节奏，如此一来才能增加视频画面的冲击力。

4. 声音的运动

随着互联网的发展，短视频的传播变得越来越简单，但只是内容与画面的提升，并不能很好地表达短视频所呈现的内容，只有不断提升剪辑技术，才能更具体地呈现出短视频的主题思想。与短视频风格相吻合的音效可以渲染氛围，增加戏剧效果，更有利于烘托人物的性格。通过对短视频素材的取舍、修整、组合和链接，制作出更具有感染力的短视频，以满足网友的需求。

二、剪辑手法

无论是剪辑电影镜头，还是自拍自演的短视频，都有一定的剪辑规律，只有这样才能把短视频组成一个完整的成品。根据创作者需要不同，抖音上常用简单剪辑手法大致有如下几种。

1. 瞬间转移法

前期拍摄：需拍摄两段视频素材。

视频1：首先，模特身披外套，站在镜头前。然后抓住模特的外衣领子，将衣物从模特身上取下，在衣物的遮挡下，模特离开画面。① 最后将衣服向画面中心扔出。

视频2：模特在衣物落地位置穿好外套，做出从天而降的动作。

后期合成注意，尽量在视频1中衣物开始下落的瞬间，拼接第2段模特跳下的素材，保证前后视频的自然过渡。调整完成后，添加相应滤镜，可以增强画面表现力。

2. 遁地穿墙法

视频1：模特从镜头外跑入，到达墙面的指定位置后停下。

视频2：从画面外向视频1中的指定位置抛掷衣服，尽量保证抛掷的位置与视频1中的模特停留位置一致。建议多拍摄几条，以供后期选择。

后期合成注意，视频1选择模特即将停下的瞬间，拼接视频2中衣服开始落下后的画面，形成自然的连接效果。

3. 以假变真法

前期拍摄：共拍摄3段视频素材。

视频1：将杂志放入画面，展开。

---

① 这些神剪辑技巧，抖音都刷爆了！果断收藏！[EB/OL].搜狐网，2018－10－26.

视频 2：伸手模拟取物的动作，在杂志上方停留，翻开杂志选择一页有大型物体的，同时保证手部位置不变，做出趁机把物体塞入手中的姿势。

视频 3：拍摄用手拿起物件的画面。（准备与杂志中相同的物体）

后期合成注意，视频 1 的图像要与变出的物体有较高的重合度，同时确保出现的角度和位置，才能让剪辑的画面更加自然流畅。

必要时可以使用绿幕。绿幕在电影特技中很常用，因为电影中的很多场景在现实中很难实现，必须借助绿幕来实现。用绿幕的原因很简单，便于电脑处理，凡幕布颜色部分做成透明，加上需要的背景，主体特效就出来了。比如在制作短视频时，我们就可以在绿色的环境里面拍摄，然后用电脑将画面内容抠出，与背景进行特技的合成就可以了。不过这种方式需要专业的后期，成本也会增加。

三、酷炫特效

视频特效在短片的创作与制作中具有重要的作用，它所释放的特效人物肌理为人所欣赏。运用视频特效软件可以使短视频塑造出不同的变化。[①] 视频特效本身的形式特点能使三维空间释放出舒适的层次感，其创建的有序质感能使人的心理发生变化。在视频特效的后期处理中，通过创立视觉元素、视频后期特效，特效处理画面使短视频的整体效果具有强烈的表现力和视觉冲击力，使其变得更具生活的真实感受。

创意贴纸是抖音视频中的特效道具，贴纸不仅趣味性和互动性强，更是平台对 AI 技术在场景落地上的持续探索，让用户更好地实现内容表达，提升参与感和体验感。Top 10 创意贴纸中，有三个贴纸都来源于动物形象，金毛和英短分别荣膺年度最受宠的狗狗和猫猫。其中最受欢迎的是将屏幕一分为三的"分屏"贴纸，使用量高达 5426 万。"白色

---

① 靳德然 . 浅谈视频特效在短片中的重要性［J］. 美术教育研究，2015（13）：111.

小猫咪"和"控雨"的使用量也分别达到 3506 万和 2700 万。① 下面简单介绍几个抖音自带的几款贴纸效果。

1."控雨"（"控花"）

"控雨"贴纸应用了抖音手势识别与粒子系统两大自研技术。当你在镜头前张开手，AI 手势算法开始高速运转，实现雨滴粒子静止的特效。

2."水面倒影"

使用"水面倒影"贴纸，可以直接在视频下半部呈现一个水面，且上半部分的内容在下半部可以呈现出倒影的效果，可以在地上放置一盆水，做一些抓水或者抓鱼的动作来增强真实性。

3. 樱花轨迹（星光轨迹）

使用该道具，可以随着手的运动轨迹产生樱花跟随飘落的画面，常用于手势舞的特效。"80 后"的最爱"手势舞"以无可撼动的优势夺魁，这种易上手的娱乐方式在 2018 年彻底被抖音带火。来自乌克兰的 Aleks host 是抖音上"最忙碌"的手舞舞者，他的视频获得最多人合拍，有 76 岁的成都奶奶、43 岁的贵州阿姨、20 岁的专业舞者……相关视频播放量达 14.7 亿。

4. 镜面（"左右"镜像，"上下"镜面）

特效镜像有两个，分别是左右方向和上下方向，分别以水平或者竖直中心线进行镜像处理，只要加一些自己的小创意，让镜像的画面有些意义就能产生优质的短视频内容。另外，在发布视频的时候，左侧也会有一个"特效"的提示，里面有两种选项：滤镜特效和时间特效。

1. 趣推

首先，下载 APP 进行注册，注册成功之后，登录进入到软件中，

---

① 抖音 2018：美好生活的创作者与记录者［EB/OL］. 中国日报网，2019 - 01 - 31.

可以看到很多的模板，有唯美浪漫的，有爆笑恶搞的，还有脑洞大开的。选用喜欢的模板，替换图片或视频，然后更改一些文字即可。使用时，选择模板进入，点击"制作"下载视频模板；接着，点击页面中可以替换素材的位置，并上传图片/视频，即可将素材完美地嵌入视频。视频生成后，可以进行添加音乐、配音、加水印、加二维码、加贴纸、加滤镜等操作，让你的视频更加地生动化，然后保存就直接到本地相册中了。

视频导出时，能转换成动图制作表情包，通过压缩处理发送朋友圈和抖音。

2. Faceu 激萌

Faceu APP 主打趣味和搞笑动态视频，可以让用户通过 Faceu APP 很轻松地拍摄一些加有"卡哇伊"（可爱）图像的视频。Faceu APP 不仅仅可以美白还可以增加动态特色，就算是啥都不会的小白也可以通过 Faceu APP 自己拍摄搞笑动态趣味视频。

Faceu APP 贴图素材主打二次元的萌属性，Faceu APP 素材库当中比较受欢迎的有水手服、兔耳朵、阿拉蕾帽子等二次元装饰，这些装饰包括和人脸五官契合度比较高的头饰、贴纸以及上半身服装，又有一定的主题，不需要调整就可以完成编辑（事实上现在 Faceu 也不支持用户进行贴纸和道具的调整），玩法上没有太多门槛。

Faceu APP 编辑完工之后可以直接通过 Faceu APP 分享到社交媒体当中，Faceu APP 最大的特色是可以实时地在人脸上叠加具有动态效果的贴图和道具。Faceu APP 还有磨皮美白的效果，清晰度表现还不错，但暂时不支持眼睛等五官的局部调整。

第九章

快速引爆：流量盛宴思政如何突围

国势之强由于人，人材之成出于学。党的十八大以来，以习近平同志为核心的党中央全面加强党对教育工作的领导，坚持立德树人，先后召开全国高校思想政治工作会议、全国教育大会等重要会议，深刻回答了事关高等教育事业发展、高校思想政治工作、办好人民满意的教育等一系列重大问题。

对于宣传思想工作的开展，习近平曾说："读者在哪里，受众在哪里，宣传报道的触角就要伸向哪里，宣传思想工作的着力点和落脚点就要放在哪里。"[①] 截至 2020 年，我国网民首次突破 10 亿大关，移动互联网明显进入存量时代。社交、视频等头部领域的用户规模都趋于饱和，第二梯队的音频娱乐、移动购物、资讯等领域用户规模仍快速增长。[②] 显然，在互联网技术快速发展、流量为王的时代，把握存量优势、探索新的发展方式，思想政治教育的内容如何在这场流量盛宴中成功突围成了新时代思政工作的重要探索。

本章探讨高校思政工作者在既有团队、素材、定位、产品的情况下，如何更在抖音平台裂变引流、圈住流量、快速涨粉，在抖音上讲好

---

① 习近平新闻思想讲义［M］．北京：人民日报出版社，2018（06）．

② 中央网信办．第 45 次中国互联网发展统计报告［EB/OL］．中国网信网，2020 - 4 - 28.

思政课，传递向上向善青春能量。

第一节　裂变引流三个加法

一、光环+热点

抖友们不仅仅是因为制作精美的视频画面沉迷抖音。纵观那些刷屏的内容，有的不过是手机录屏的聊天记录，或者是一段记录平常生活的片段，内容简单，没有剧本策划。不过深入推敲，会发现它们都有一个共同的特点，即能引发抖友们的情感共鸣。[①]　比如，平安杭州以身穿警服的小姐姐作为抖音形象，借势国内的说唱热度，通过一段抖音Rap进行高效科普宣传，圈粉无数。共青团中央联合B站视频网站于2020年4月中旬举办"中国华服日"线上及线下活动，敏锐观察到近年中国古代服饰在年轻人中的广泛传播以及年轻人对汉服的喜爱之情，实现裂变传播。在校园场域，可以利用的"光环"很多，如名校光环、颜值光环、达人光环等，如@张笑寒 以清华大学女博士的身份、加之青春靓丽的容貌，辅以对网民关心好奇的热点问题、清华百态的解读，如获赞1000余万。

除此之外，思想政治教育工作者本身就是自带"光环"的一群人，在校园里，思政工作者与学生走得近、关系亲，在学生群体中拥有一定影响力和知名度。而抖音热点周期极短，这就要求思政工作者需要利用自身工作优势，不断结合热点，将信息以故事、段子、情景剧等用户喜闻乐见、易于消化的方式呈现。那么思政工作者具体"光环"有哪

---

① 洋葱智库. 抖音政务账号分析报告［ER/OL］. 微信公众号"洋葱大学"，2018 - 06 - 30.

些呢?

1. 知心朋友

辅导员是开展大学生思想政治教育的骨干力量,是高校学生日常思想政治教育和管理工作的组织者、实施者和指导者。辅导员应当努力成为学生的人生导师和健康成长的知心朋友。[①] 当代大学生个性鲜明,并且面临的社会环境与社会压力较为复杂,整个社会发展的形势和家庭的影响,大学生呈现出多样的心理问题。比如,随着高校扩招,大学生就业形势十分严峻,这让很多学生产生在就业问题上产生了焦虑。同时,自我和家庭对学生前途所定的目标过高,也给学生增添了巨大心理压力。另外,家庭环境的迥异、父母过分溺爱和家庭环境的优越,也使得学生的性格差异性很大,一些学生养成了任性、孤僻、自我、懒惰、易怒、自理能力差等习惯。这类大学生往往个性强烈,对自己的定位和认识不准确,容易走极端。而在校园里,最了解学生的这些情况的人,是辅导员;学生遇到这些问题时,首先想要求助的,也是辅导员。辅导员可利用知心朋友这一特殊光环,抓住和学生相关的、感兴趣的、有共鸣的事件为短视频内容,对高校大学生在生活工作中碰到的困难问题给予解决与引导。2017年11月,众多高校学生都被罐头视频发布的一则名为"这个季节,起床困难户的内心戏要多丰富就有多丰富"的短视频吸引了目光。冬季天气寒冷,早晨不愿意起床。这对于很多用户特别是年轻人而言,是痛点。而带有痛点的视频,更贴近用户生活,就更容易引起关注。

2. 人生导师

思想政治教育工作者不是专门"授业"的老师,如果说"授业",那就是帮助学生提高综合能力,当然这也是重要的本领。思想政治教育

---

① 彭文涛.高校辅导员心理辅导能力结构研究[D].兰州:兰州大学,2010.

工作者是专门"传道"的老师，即"传递价值观"，要引导学生坚定中国特色社会主义道路自信、理论自信、制度自信和文化自信，践行社会主义核心价值观，树立正确的世界观、人生观、价值观。

南京航空航天大学的老师徐川可以说是这方面的成功范例。徐川老师的《我为什么要加入中国共产党》相继被人民日报、团中央等官微转发，阅读量很快突破 10 万 +。2015 年 1 月 1 号，徐川开通了自己的微信公众号"南航徐川"，用一年多的时间，从一位普通的教师，变成了一个用故事讲道理的校园大 V。① 学生们再也不用拘泥于从课堂上获得知识，每天翻开手机，就可以看到川哥的新文章，还可以和他互动。徐川说："同学为什么会来这问问题，就是建立了信任，这种信任是不可能被复制的，如果我有了团队可能他就走了。我觉得'两学一做'的关键问题，就是如何把问题装进同学的脑子里，知道学生喜欢什么，想要什么，再好的东西也要用合适的方式送给他，有心意，他才会诚心地交换。"南航不仅有一个"徐川"，还有一支名为"一分钟"的微视频制作团队，他们用成千上万张的手绘图片组成了《一分钟"四个全面"》等系列微视频，这都给予学生朋友式的良好建议，指导学生在大学校园里健康成长快乐成长，为走向社会做准备。

二、活动 + 分享

和微博、微信一样，抖音也同样有分享功能，在这个区域中以时下热门的主题标签或者活动标签为主。有些标签是长期存在的，在短视频标题后面打上这类标签，我们的内容就可以经常在这类主题下面出现，增大曝光率。同时，在制作短视频时，也可以根据热门话题或活动标签选择主题，既增加了短视频选题范围，又紧跟热点。思政工作者积极创设线上线下热门活动，将主流价值观植入丰富有趣的活动中，通过学生

---

① 南航徐川：一个用故事讲道理的校园"大 V"［EB/OL］.央广网，2016 – 05 – 23.

自发的分享，吸引更多学生粉丝关注。① 针对学生用户并结合思政工作特色，高校思政工作者在抖音上可以发起的活动有以下几种类型。

1. 团日活动

团的活动形式不是一成不变的，思政教育者借助抖音平台，可以实现团活动由单一向多样、由封闭向开放的转变，比如可以录制优秀团员访谈、团知识竞赛、专题宣讲等活动创新传统团日活动方式。在这一过程中把握好团的活动内容的三个结合。一是把党的要求和大学生特点结合起来。一方面，共青团工作必须围绕党的中心工作，结合大学生特点，开展独立活动。这是团的性质所决定的。基层团支部开展活动时，要善于把党的要求和大学生特点有机地结合起来，使团的活动既体现党的助手作用，又反映大学生的利益和要求。二是把受教育和起作用结合起来。共青团是大学生学习共产主义的学校，这个性质决定了团组织开展的各项活动都应具有一定的教育性，但是这种教育应当是潜移默化、易于被人接受的。另一方面，在开展活动中又要注意发挥广大学生的作用，显示出学生是活动主题。三是把必要性和可行性结合起来。开展团的活动不是做表面文章，不应成为一种应付，而应从实际出发，既从有无必要考虑，又要充分估计到客观条件是否具备，可行性到底如何，二者不可偏废。

2. 志愿者活动

高校开展大学生志愿者活动有利于学生加强自我教育，培养学生奉献精神，是高校加强学生思想政治教育工作的重要载体和阵地。志愿服务活动的开展，一方面使学生走进社会、服务社会的同时，扎扎实实地接受锻炼，增长经验，发挥自身能力，丰富自身经历，体现自身价值。另一方面有利于大学生达到勤于学习、善于创造、甘于奉献的要求，提

---

① 抖音新手如何快速上热门？新手上热门必看》［EB/OL］. 搜狐订阅号"抖音培训网"，2019 - 04 - 16.

升服务人民、奉献社会的思想品质，明确和增强为祖国奉献青春的使命感和责任感。因此，带领学生参加志愿者活动是高校思政工作者可以发起的活动之一，如给学校后勤工人子女进行爱心家教；招募福利院、敬老院、盲校志愿者；开展旧衣回收、旧物回收、公益集市；招募一些节水宣传、垃圾分类或者反邪教、禁烟之类的志愿者，环境保护的志愿者如净滩活动；对接乡村小学，建公益图书室、爱心信箱；关爱自闭症儿童的活动；招募一些大型活动或赛事志愿者；开展贫困家庭或者残障家庭的入户调查或者送温暖等。志愿者类的相关视频在抖音上有很高的人气，如话题#青年志愿者 播放量 2555.5 万，#大学生志愿者 播放量562.3 万，@天津政法报 发布的武汉工程科技学院学生志愿者连滚带爬救乘客的视频获赞 38.9 万。

3. 学生组织活动

如，学生会是大学校园中不可或缺的组织，学生会以学生为单位进行的一系列有益于德智发展的活动，使广大大学生投身到各种社会实践以及人际交往中去，能够吸引、团结广大大学生。青年学生都愿意参加适合自己特点的独立活动，并且希望在集体活动中显露自己的才华。学生组织、社团开展的适合大学生特点的活动，往往能够吸引大批的学生来参加，组织活动往往比单纯的思想教育更能有益于大学生成长。应注意从学生的角度出发，分享一些能真正吸引学生的并且是有意义的活动，达到良好的教育目的。在抖音平台上传相关活动视频，大学生也会在分享、点赞中获得更多的成就感与满足感。

三、利益＋习惯

1. 激发学生帮助心理

在没有给用户带来观赏体验提升的情况下，订阅或不订阅是一种很随意的选择。同时，用户根本无法感受到，订阅对短视频团队的重要性。

高校官方抖音号要获得更多的"粉丝"订阅、点赞，可以参考直播中的方式。很多网络主播在直播的过程中都会想方设法向用户表达自己的需求，需要观众帮助才能实现，激发观众的帮助心理。用户主动订阅关注，其实也是和短视频创作者之间互动的一种形式，两者之间形成了良性循环，才能平衡两者之间的关系。如，可以在视频的末尾加上一句"请同学们点赞关注哦"；如网民自发发起的一条话题#为南大学生价值观点赞，收获399. 6万次播放，获赞35万+。

2. 提高身份认同

看过直播的人都很清楚，当主播们收到观众刷礼物或点关注时，就会在直播中用不同的方式表达感谢。虽然此举并不值得提倡，但这种"感谢"是对用户的一种认同。一是可以在视频中加入对用户认可的语言表达，如"感谢每一个 xx 学子""如果你也认为 xxx 很棒，那么欢迎报考 xxx 大学"。二是在评论互动中支持网友的观点。三是开展线上活动，激发用户参与。

第二节　圈住流量三个渠道

不可否认，在互联网领域中短视频已经成为内容传播的一种重要形式，甚至成了互联网行业乃至整个舆论场的新风口。伴随着来自行业内部的重视，高校也纷纷加入短视频的制作大潮中，以期分得一块"蛋糕"。然而"蛋糕"虽好，若想得之却不是一件容易的事情，在完成短视频流量"变现"的过程中，既需要相关短视频新媒体运营者对平台日常的稳健经营，也需要他们对挑战、流量、转化率三者的细致把握和完美融合。

一、发起挑战——抓住眼球的"敲门砖"

在抖音上"发起挑战"，相当于在微博上"设置话题"，吸引网民参与，在互动中达到优质效果。抖音发起挑战的功能，作为发起者带抖友们玩起来。当用户点开一个短视频时，呈现在其眼前的，首先是短视频的内容。在拥有短视频的新媒体平台为用户推送短视频时，炫酷而富有美感的视觉呈现不仅能带给用户极大的视觉冲击，更能为新媒体平台本身带来良好的效益。可以说，视觉呈现是对内的敲门砖。而要把短视频推广出去，形成裂变，那么发起挑战就是在对外宣传过程中的"敲门砖"。

高校思政教育者在运营短视频时，运营人员在挑战设置上必须把握好尺度，呈现出两个特点。

第一，简。"简"是指挑战难度程度低。短视频不同于电影，既不需要纷繁复杂的情节，更不需要宏大的场景。所以在设置挑战内容，应当从简。但是简单并不意味着简陋，为了呈现出良好的宣传效果，运营人员应当把挑战布置得富有设计感。

第二，趣。"趣"是指挑战内容有趣、富有意义。我们针对的观看短视频的用户即高校大学生，一般容易对新事物产生好奇，比较缺乏耐心，但又希望在较短的时间内了解一个故事或一种知识。轻快有趣的挑战设置无疑能够迎合他们的这种需求，同时快速分享挑战本身也能带给他们意犹未尽的感觉。

2020年3月15日，共青团中央在抖音平台发起了以#奋斗吧，我的青春#为主题的小视频挑战赛，号召网友记录下自己青春路上的奋斗故事，吸引了15.5万人参与挑战26.4亿次观看。

3月27日，世界戏剧日，共青团中央在抖音平台发起名为#我要笑出"国粹范"#的挑战，通过录制短视频的方式让用户感受国粹的魅力。该活动吸引了14.6万人参与挑战和257525.2万人观看，获得14.5

亿次播放。

五四青年节，中央政法委官方新闻网站中国长安网与目前最受欢迎的短视频平台之一"抖音"，联合发起挑战"梦想，来真的"。在政法干警的示范下，网友纷纷效仿，创意迭出，活动上线不到 12 小时，超过 4 万名用户发布了相关视频。不少网友留言：参与挑战，又重温了曾经逐梦、圆梦的经历，生生感动了自己。①

为了让短视频的挑战呈现更富吸引力，同时也为了让短视频具备"简"和"趣"这两个特点，高校思政既要通过各种技术手段把短视频发起的挑战做出精致的感觉，增强环节质感，又要将现实活动和虚拟游戏等结合起来，使挑战呈现效果更生动。发起抖音线上活动，要精心设计，突出教育意义。

二、流量为王——拓展影响的"能量源"

互联网行业一直强调"流量为王"，这一点对于短视频来说同样重要。一方面，充沛的用户流量意味着关注或了解短视频新媒体的用户较多，这可以直接提升短视频新媒体的知名度和影响力。另一方面，足够多的流量也是短视频新媒体进行宣传扩展，乃至短视频新媒体持续运营的物质基础。

目前，抖音最广泛使用的是内容热度流量池叠加推荐。抖音流量池的主要指标有评论量、转发量、点赞量以及完播率。新作品首先会被分配到一级流量池，根据转播情况形成加权分数，分数高则可能获得叠加的机会，进入二级流量池分数低的便会沉入"池底"失去被推荐的机会。这种算法会产生显著的"马太效应"。

2018 年，习近平，在全国宣传思想工作会议上指出，要科学认识

---

① 400 万人为民警点赞，政务号如何在抖音平台抖出新责任、新形象和新创意？［EB/OL］. 微信公众号"清博数据"，2018 – 11 – 10.

网络传播规律，提高用网治网水平，使互联网这个最大变量变成事业发展的最大增量。新媒体的发展，为党的理论、政策宣传提供了新载体和新机遇，也为树立党的形象、强化党的建设提供了新途径。① 数据显示，截至 2019 年"抖音"平台，就有超 16000 家政务机构入驻抖音，包括共青团中央、交通运输部、国资委等中央级国家机构，以及各个省、市、区级政府机构。

无论是从增加名气、提高粉丝这个角度，还是从实现变现的角度出发，流量之于短视频，毫无疑问是促进其发展的能量来源。而这种关键作用，也就注定了任何一家短视频新媒体都必须将通过发布短视频来为自己带来流量当成一项必须做到的基本功。

视频领域的流量开始越来越多地向头部聚集，内容深度化、专业化的新媒体得到了用户更多的偏爱。面对严峻的形势，高校短视频新媒体必须采取更有针对性的措施，以争取有限的流量，更多的粉丝。

三、转化效率——延伸思政的"长触角"

大学生在哪里，思想政治教育就要做到哪里，做好大学生的思想政治教育工作，要让"主力军"进入"主阵地"。现代科技的发展，俨然让短视频领域成为当代宣传工作的主阵地之一。

先从传统意义上来谈转化率。传统意义上的转化率即将访客转化成为网站常驻用户。根据专业机构的统计，早在网页端互联网时代，有视频的网络媒体的流量转化率往往要比没有视频的网络媒体高出两倍还要多。而到了当下这个资讯异常发达、信息极度过剩的移动端互联网时代，短视频更是成了各类新媒体获得流量转化的标配手段。在此背景下，短视频新媒体运营者应当思考的不仅是是否进行转化，而应是怎样

---

① 昌恺婷. 新媒体对党的思想建设影响探究［J］. 现代经济信息，2015（12）：377 - 378.

加快转化。和传统的电视媒体、纸质媒体一样，作为短视频新媒体核心产品的短视频，更应该起到提升转化率的作用。事实上，短视频存在的最终意义，就是充分地呈现信息，建立和用户之间的黏性，继而刺激变现。短视频领域的火爆，从侧面反映出移动互联网从早期的工具属性转变为平台属性的趋势，而这个转变过程正好为多样化的变现模式创造了产生和发展的条件，而新的变现模式也在一步步影响传统变现模式的升级换代。从短视频领域目前所处的发展阶段来看，短视频领域还没有形成一套成熟稳定的流量转化体系，不过这并不影响短视频领域的"变现"道路的探讨。

如今，转换率就是对流量的变现，对于思想宣传工作来说这样的变现不是指物质上的收入，而是宣传工作真正做到入脑入心。

那么如何实现思想政治教育工作的"变现"呢？

1. 内容的选择

怎样讲好思政课是新时代思政工作者不断思考的问题。大学生正处于人生定型期，可塑性强，也容易受到外界的影响。思想政治课要触及学生的心灵，塑造他们的心智，让他们内心丰盈，形成自己的判断力。"全国最美思政课教师"王雪超说："要想把'有意义'的课上得'有意思'，把'最难讲'变'最精彩'，就必须攻克怎样解决课时少与内容多的矛盾、如何直击学生思想困惑、如何有效引发学生共鸣等难题。"[1] 就抖音来看，原则视频成为"爆款"的概率大于其他视频，因此有质量的作品才能受到欢迎。在抖音流量池的叠加推荐算法加持下，好的视频才会被不断推荐。[2]

2. 形式的选择

"我们到处卖唱，我们到处献舞，谁不知道国家将亡，为什么被人

① 陈建强，刘茜. 讲出学生真心喜爱的思政课 [N]. 光明日报，2019 - 01 - 03（05）.
② 张媛、刘林. 算法视域下央视频抖音号内容建设路径研究 [J]. 电视研究，2020（10）：48 - 51.

当作商女……"长沙理工大学综合教学楼 201 教室经常传来阵阵歌声。这是音乐课吗？不是。这是蓝茵茵上的《中国近现代史纲要》课程。她是个音乐发烧友，喜欢把音乐作为带领学生走近历史的向导。讲鸦片战争时，听河北民歌《种大烟》；讲太平天国运动时，听山东民歌《洪秀全起义》；讲到抗日战争时，则自己唱起《铁蹄下的歌女》……除了音乐，蓝茵茵还喜欢在课堂玩"穿越"，将个体生命体验代入历史情境，与同学们一起体会有生命的历史。蓝茵茵对教学方法的尝试，不仅停留在音乐和穿越上，"音乐和穿越只是媒介和向导"。为了更上一层楼，她和同事们尝试了多种形式的理论大众化、时代化阐释与传播。比如，通过电视、手机、网络、报刊全媒体渠道，以影音字、面对面交流的方式，面向公众，她的课堂视频剪辑在抖音、B 站、微博受到网友们的喜爱，[1] 亲和表达、生动讲述重大政治理论问题，将高冷的理论故事化、形象化，引起大学生受众的共鸣。

3. 语言的选择

习近平总书记在全国高校思想政治工作会议上指出："思想政治工作从根本上说是做人的工作。"想要做好"人的工作"，与其进行"面对面""心贴心"的交流必不可少。谈心谈话是思想政治教育工作的重要形式和手段之一，思政工作的谈话艺术直接影响着思想政治教育的效果。在思想政治教育工作中巧妙地运用谈话这一形式，不仅可以沟通师生情感，及时纠正学生的思想航向，还有利于建立和谐的师生关系和轻松的学习氛围。在抖音视频的创作中也可以巧妙利用谈心谈话技巧，如在肢体语言上的安慰鼓励，台词设计中的共情迎合，背景音乐的情境交融等等，通过虚拟的"面对面"的方式建立师生互信，从而及时纠正学生的思想航向，引导他们树立正确的价值观。

---

[1] 左丹 . 把最难上的课上精彩———记 2018 年全国最美教师、长沙理工大学思政课教师蓝茵茵〔N〕. 湖南日报，2018 - 09 - 08.

第三节　辣嘴神评快速涨粉

抖音"神评论"，作为一种网络文化现象，一方面代表着网络传播过程中出现频率较高的句子，另一方面，它的产生往往与社会热点事件、热点话题相伴随，代表了一定社会阶层的民意和情绪，表达了人们对有关事件和生活的态度。因此，抖音评论也是反映各种意识形态在网络场域交锋过程中的"晴雨表"和"指示器"。对于高校思想政治教育工作者而言，通过对抖音评论的梳理与剖析，不仅有助于对当下社会发展、民情民生等问题有深入的认识；更为重要的是，通过热词及时掌握大学生网民的真实社会心态，给予评论的传播发展及其背后的热点问题以合理化解释，利用评论，结合具体时代语境，挖掘青年大学生喜欢抖音的动因，掌握网络意识形态的主动权、主导权，是当下摆在思政工作者面前的一项重大工作。[①]

一、正心态，将吐槽化为能量

抖音评论的文体类型多样、形式构成灵活，具有较强的简洁性、交互性、便捷性等沟通特性，深受大学生喜爱，被广泛应用于校园日常生活交流之中，或是用于学业与就业的交流互动，或是用于对特定热点事件的相关评述，或是用于表达个人情感等，成为校园生活的"必需品"与"调味剂"，具有迥异于公共网络空间的校园生成缘由。这既与作为应用主体的大学生追求流行与时尚、兼具创造性与叛逆性、成长成才意识强烈等主体特性密不可分，也与抖音神评的话语内涵、价值取向与传

---

① 徐炜炜. 网络热词的发展特点及其对大学生思想政治教育的启示——基于对互动百科 2009－2015 年年度热词的考察 [J]. 思想理论教育，2016（08）：79－84.

播方式等话语特性密切相关。

1. 抖音评论使用动机迎合大学生的发展需求

大学生为迎合自身成长成才的发展需求而在校园生活中大量使用抖音"神评"语言。一方面，应对学习难题、勇攀学业高峰，提升就业竞争力、舒缓就业压力，是大学生喜于使用抖音神评的初衷与原动力。比如，"专业虐我千百遍，我待专业如初恋"表达了他们攻克专业学习困难的锲而不舍；"offer 不是你想拿，想拿就能拿"表达了他们精心准备求职面试的勤学苦练；等等。另一方面，大学生乐于使用抖音语言促进日常交流或开展班级事务。比如，当同学们在专业学习、科研项目或科创竞赛等方面取得一定成绩后，他们乐于用"也是蛮拼的""大神带带我"等予以赞赏，既拉近相互之间的心理距离，也恰到好处地促进朋辈之间的交流与沟通。

2. 抖音评论话语内涵与价值取向影响深刻

如同话语是文化的表现形式，抖音"神评"是网络流行文化的表现形式，其话语内涵与价值取向都与一定时期的网络流行文化紧密相连。它既来源于网络流行文化，是网络流行文化的表征，还在一定程度上深刻影响网络流行文化的发展趋势和文化特征，也深刻影响大学生的思想特征、价值取向与行为方式。一方面，抖音"神评"的话语内涵多义多用，大学生或直接使用其原有话语内涵、保留原有意蕴，或在其原有意蕴基础上进行引申、扩充、转化、转译、演变、变异、杂糅或混合等，产生新的意蕴，因而在不同的语境下，同一语言通常会被不同的大学生赋予不同的意蕴，并且往往"只可意会不可言传"。另一方面，其价值取向多元多样，这是因为，抖音评论在本质上属于观念形态，传递了某种价值和意义，这种价值和意义一旦被大学生用于评述社会热点事件、焦点问题或网络舆论热点事件，表达与之相关的意见、观点、建议、态度、情绪与倾向时，同一个抖音"神评"的价值取向往往会因人而异、因事而异、因时而异、因势而异。

3. 抖音评论的传播方式呈现"微"时代特点

抖音"神评"交融于大学生"微文化"之中，在校园生活中的传播方式呈现出交互性、非线性、即时性、去中心化、碎片化、多元化等"微"时代特点。一方面，抖音神评通过手指点动分享或者"@"他人在校园日常生活中的传播方式，就天然地呈现出传播对象的交互性、传播方向的非线性、传播速度的即时性等"微"时代特点。另一方面，同一评论可以同时被不同的大学生用于评述多种事物，用以表达各种不同或相同的观点、意见或态度，用以传递惊讶、赞叹、愤怒、无语等多种情绪状态。话语含义上的多用多义、价值取向上的多元多样，使得抖音"神评"在校园日常生活的传播过程中凸显出信息源的去中心化、信息发布的碎片化、信息解读的多元化等"微"时代特点。

"吐槽"是抖音评论区中常见的现象之一，是近年来网络新兴的流行词汇，在网络语境中，吐槽兼具娱乐性和批判性，其意义近似于"抬杠""拆台""掀老底""踢爆"等。随着新媒体技术的普及和媒介融合的发展，吐槽已经成为网络传播的一种常态①，时至今日这种吐槽文化在微信群、短视频平台等空间得到了进一步的延展和戏谑。抖音自然也不例外。《喜剧圣经》中这样写道：每一次被伤害，每一次被误解，从童年阴影到即刻发生的难过事，都可以变得渺小，化为一个段子的素材。吐槽是门手艺，笑对需要勇气。吐槽并非简单释放负能量，有热度地表达过后，认真思考，才能激发更多的正能量。

面对吐槽，需把握三个重要原则。

（1）把握大势，凝聚最大共识

官方政务机构入驻抖音以来，取得优异成绩，但吐槽声音也不曾消

---

① 肖罗娜. 补偿下的狂欢：新媒体环境下春晚吐槽现象分析 [J]. 东南传播，2018（05）：27 - 29.

失。杭州市公安局官方抖音账号"平安杭州"先后发布 6 段"警花"说唱短视频，在抖音深受欢迎，其中网友点赞最多的一段视频获赞 197 万，播放量达千万次，网友看过视频后秒变"迷弟迷妹"，表示"想看续集"。① 同时，也有部分网友指责其作秀成分，犀利指出搞笑成为他们的工作内容，有损形象。随后，"平安杭州"继续以创新形式发布普及安全知识、防诈骗常识等视频，与网友好评需求内容呼应，构成了巨大的舆论引导力，以最快速度廓清了噪音杂音。

（2）嵌入过程，形成舆论引导

对于一些典型吐槽，应该持续性关注，在不同阶段以不同角度展开相对应的工作，对舆论的动态走向产生持续牵引。具体来说，解析细节，梳理吐槽内容，提炼了学会的槽点所在，着重比较好评与吐槽的关注点区别所在，形成了舆论场前后语境相连的亲切回应，紧盯评论舆论走向，实现了从"追着舆论走"到"领着舆论走"的格局转变。

（3）坚持原则，引入正确话语

思政工作者必须具有专业精神，不说外行话，打破空话、套话等套路，才能带来学生对话语的认可。面对吐槽需要将朴素认知、直观认识感受用语言表述出来，形成在专业领域内有价值、有分量的表达。在众声喧哗的舆论场，难免会有不一样的声音，作为高校思政工作者来说，最应该打捞这些"吐槽"和批评声音，而不是将其当作不可接受的异端，从"吐槽"与批评声中看到工作的不足，了解青年的动态，探寻工作的方向，这是舆论引导方面应当承担的职责，也是应有的胸襟和情怀。

---

① 公安局竟然爆出 6 段"警花"抖音说唱视频［EB/OL］．搜狐号"八六三智库"，2018 – 12 – 07.

二、勤回复，把路人变为粉丝

有人梳理过粉丝诞生过程，即陌生——相遇——相识——相知（路转粉）——相处——相伴。"路转粉"是指从"路人/游客"转变为"粉丝"，这个阶段，粉丝在观看的过程中，更多的是关注内容他是否有兴趣、是否能触动他。他会关注你，时不时与你发起互动，参与话题讨论、评价等。要实现"路转粉"至少做到三个维度：互动、内容和信任。在互动中，勤于回复是首要条件。《洋葱智库抖音政务账号分析报告》指出，截至数据统计时，共青团官方抖音账号已经发布了121个作品，保持着每天更新的节奏，采取轻松亲切语气经常回复网友评论，耐心解决"抖友"疑惑，视频平均点赞数达到了26万。

思政工作，利用抖音平台对大学生进行思想政治教育的过程中，首先需处理好如下几个关系。

1. 根据抖音评论的类型与特点，把握好思想政治教育中"显性教育"与"隐性教育"的关系

显性教育是教育者通过受教育者直接的、外显的有意识的心理活动而发生影响的方式与过程。隐性教育是指教育者通过受教育者间接的、内隐的非特定的心理活动而发生影响的过程。在抖音年度最火评论中，大学生网民表现出更愿意关注文化类、社会类、民生类热词的倾向。这从一个侧面提醒思想政治教育工作者不仅要从教的角度来思考，更要从学生接受的角度、从学生内隐学习的角度，来思考教育的效果问题。隐性教育把教育目的隐藏在相关载体之中，论道而不说教，述理而不生硬，使学生在积极情感状态中认可教育目标与内容。而传统显性教育偏失的根源恰恰在于对现实生活中学生主体需要的疏离。因此，要实现价值信念的有效输入，就必须注重学生主体性的发挥，注重隐性课程、文化传统和环境情境等介质的作用。思想政治教育本质上是一种价值教育，不仅要解决学生知不知、会不会的问题，更要进一步解决学生信不

信、行不行的问题。在高校官方抖音账号的评论设置上，要将传统显性的集中授课教育与日常学生的思想、生活、情感动态等相融合；在资源利用上，要将思想政治理论课教师的理论优势与思政工作者的实践优势相整合；在对话方式上，要从原来的一言堂、灌输式教育向对话式、引导式、调侃式甚至卖萌式转变。通过隐性教育与显性教育的融合与互补，发挥思想政治教育最大效能。①

2. 根据抖音评论的传播规律，把握好思想政治教育中"坚守传统"与"更新思维"的关系

传统思想政治教育多借助教材，通过集中课堂讲授的方式进行。而抖音最火评论的层出不穷、转瞬即逝、逆向传播的特点使传统思想政治教育在回应社会热点问题时的滞后性劣势愈发凸显。原本应充分利用首因效应，对社会热点、难点问题在第一时间给予学生有效回应的思想政治教育，却将前沿舞台拱手相让于他者。因此，在微文化时代，教育者需掌握抖音神评的传播规律，把握好思想政治教育中"坚守传统"与"更新思维"的关系。网络改变了人们的生存状态，作为网络先锋的大学生，不断被网络改变着，同时也在不断主动建构、改变着网络。作为思想政治教育工作者更应该透过现象认识真相：网络时代改变的是大学生社会化的生态，并没有改变学生追求自由全面发展的需求内核，更没有改变把学生培养为全面发展、身心和谐、热爱生活、对社会有用有为的人的教育目标。所以，在新媒体时代大学生思想政治教育工作的渠道可以改变、平台可以拓展、形式可以创新，但引领青年学生政治认同、促进青年学生健康成长全面发展的宗旨和核心任务没有改变，也不能改变。在新媒体时代，思想政治教育工作者在坚守育人目标的同时，也要创新思维方式。一是要有迭代思维。这就要求教育者在语言系统、内容

---

① 徐炜炜. 网络热词的发展特点及其对大学生思想政治教育的启示——基于对互动百科 2009 – 2015 年年度热词的考察 [J]. 思想理论教育，2016（08）：79 – 84.

构思、教育情境上跟上时代步伐。针对抖音"神评"的逆向性、流变性、弥漫性等传播特点，教育者必须兼顾网络空间与现实生活两大场域，抓住有效传播的最佳时间段，对青年学生关注的热点、疑点给予及时回应、澄清与疏导，与学生保持互动。二是要有跨界思维。借鉴受欢迎的评论同时通过官方、民间两个舆论场进行加速传播的特点，思想政治教育工作者需要不断消除传统思想政治教育在价值传播上的空间壁垒，汇聚社会、学校、家庭各方资源，进行资源的优化组合。①

3. 根据抖音评论中所蕴含的青年亚文化的发展规律，把握好思想政治教育中"贴近倾听"与"积极引领"的关系

抖音"神评"层出不穷，部分热词所折射出的青年网络亚文化却具有稳定性、颠覆性、批判性等特征如"躺平""逃避性沮丧""柠檬精"等这些看似戏谑、调侃的网络热词，实际上却用贴标签的方式传递着消极的价值观念。亚文化群体往往将对社会不满的民意表达以一种温和的反抗方式呈现，但一旦此类群体的负面情绪积累到临界点，就有失控的危险。而大学生思想政治教育在课程设置、教材内容、教育方式上，多以观照主流群体为主，却忽视了亚文化边缘群体的存在。因此，需把握好思想政治教育中"贴近倾听"与"积极引领"的关系。一方面，思想政治教育工作者需对青年亚文化群体的状态及其所反映的问题及时了解、密切关注，这是引导青年网络亚文化健康发展的基础。尽管大学生网民群体心态的复杂性与多层次性决定了对群体心态进行实时捕捉的不易性，但要使教育工作深入、有效，就必须掌握当代大学生群体的真实心态。随着当代大学生网络微文化特质愈发凸显，这种贴近观察愈发成为可能。基于群体互动所产生的抖音神评，成为观察大学生群体日常喜好、社会情感、政治心态、行为特质的重要窗口和风向标。通过

---

① 徐炜炜. 网络热词的发展特点及其对大学生思想政治教育的启示——基于对互动百科 2009－2015 年年度热词的考察 [J]. 思想理论教育，2016（08）：79－84.

对热词的正负属性比例与发展动态、负性热词的产生与传播、亚文化群体的认知互动与语义泛化等现象进行深入分析，可有效把握亚文化学生群体的政治立场、社会情感和基本心态。另一方面，在把握群体心态的基础上，要进行积极疏导与引领。通过建设受大学生喜爱又富有理性与正能量的抖音平台，主动占领高校网络思想政治教育主阵地；通过培养潜在的网络意见领袖，掌握在青年群体中的网络话语引领权；通过社会化合作，营造积极向上、健康清朗的网络大众文化，进而促进网络亚文化群体的正向情感品质、理性思维能力和亲社会行为的形成。

抖音平台上，与粉丝和网友保持良好的回复往来是增加人气和留住忠诚粉丝的一个非常重要的方法。只是在回复时需要注意以下些问题。

（1）留出空白，引起好奇

创作者在制作视频内容时，要将内容留出能够进行扩展和发挥的余地，以便让其他人接续话题，产生再创造的欲望或存在疑惑的部分。

（2）设置悬念，引起讨论

视频最好留有悬念，最后情景可以用一个问题结尾，这样就很容易带动大家的兴趣，让大家乐于回复。因此，以问题结尾的微博，既然已经提出了问题，就必须负责任地查看粉丝的回复及评论，并且自己也要积极地参与到讨论中去。

（3）精选评论，引起重视

对于粉丝的评论，账号小编一定要及时挑选，回复，如果用户的评论久久得不到回复，会给用户造成不被重视之感，甚至会影响到用户的下一次评论行为。

三、立人设，用话风打造形象

"人设"一词，在过去是和影视剧剧本、动漫人物强相关的。当下，当我们听到"人设"这个词时，更容易联想到的是明星或者网红。"人设"和"标签"有点相似，但又不太一样。标签一般都是别人给贴的，而人设是自己"活"出来的。这里的"活"指的是"干活""扮演"。

虽然当下正身处一个娱乐方式极其多样化的时代，但是人本身的寂寥与孤独依然存在，人们所体会到的寂寥感更是强烈。在这样的社会现状下，各种自媒体平台层出不穷，有个性化魅力的"网红"才能迅速拥有流量。人设在今天前所未有地重要，也正因此，现在很多火爆节目自带名气，比如 papi 酱、办公室小野、大胃王密子君等。人设越鲜明，越接地气，越能让粉丝感到真实感与亲近感。

"papi 酱"，2016 年 2 月份凭借变音器发布原创短视频内容而走红，被称为"2016 年第一网红"。微博拥有 3326 万忠实粉丝，视频总播放量超过 8 亿。Papi 酱自打口号"一个集美貌与智慧于一身的女子"，本人名为姜逸磊，是中央戏剧学院的研究生，但"papi 酱"与姜逸磊之间并不是完全割裂的，因为短视频中所呈现出来的 papi 酱，也是姜逸磊的一个部分，只不过在生活中她不会时刻都是 papi 酱的状态。其实这二者并不矛盾，采取的方法就是放大自己的一个真实属性，因此不会存在"人设崩塌"这个问题。

同理，组织和机构，并不是一个客观存在、肉眼可见的实体，政务机构的形象如果想被感知、被看见、被传播，往往需要借助一个稳定清晰的"人设"。人设自带流量，有利于更快传播有价值的内容，可形成有认可度的用户聚集体，实现裂变传播。

那么什么样的人物设定能够受到高校学生的欢迎呢？

1. 暖萌话风，打造正能量化身

正能量人设一直是抖音平台上很受欢迎的主播类型。2018 年在入驻抖音的政务媒体号中，排名前三的分别是北京 SWAT（特警）、警界军、浙里有警；排名前 15 的账号中，一半以上是各公安机关的账号。①
高校教师抖音号也应以弘扬积极向上的主旋律、正能量主题为内容，树
立正能量的人设形象。如河北经贸大学青年教师郭鹤男。他关注学生，
关注当下在学生中流行的新潮话题。善用网言网语，"确认过眼神"
"社会人"等词常常出现在与学生之间的交流中，使用风趣幽默的段子
同学们更愿意听的同时，也拉进了师生关系。郭老师送给毕业生的寄语
"郭哥"是学生们对郭鹤男老师的亲切称呼。在学生心中，他不仅是一
位为学生传道授业解惑的老师，更是一位愿意随时与学生分享喜怒哀乐
的兄长。迎新现场，郭鹤男老师帮助新生把行李拎到宿舍；一位学生的
脚被热水烫伤了，郭鹤男老师打车送学生到医院，跑前跑后，帮着垫医
药费；运动会上，一位刚跑完 1500 米的学生瘫坐在地上，郭鹤男老师
帮着他敲打肌肉；篮球赛后，郭鹤男老师为学生们拎过去几袋水
果……②这样与学生打成一片的教师又怎能会不受欢迎呢？

2. 风趣话风，打造专业类大神

既然受众是广大的高校大学生，高校师生的本职工作就是增强自己
的专业素养，那么风趣话风加上超强专业功底的抖音号人设自然受欢
迎。时下已有的很多高校师生的抖音号，善于将传统学术等内容跟新潮
元素结合。例如哈尔博工业大学博士@ 三一博士是一位深耕在抖音的工
科知识分享者，在抖音他通过有趣的短视频形式将高新技术行业中、社
会热门事件背后的复杂原理通俗化传播给大众。在一则视频中，他讲到
"我国的南水北调工程中的引汉济渭项目，解决 500 万人城市用水，受
益人群达到 1400 万，支持 1. 1 万亿的 GDP……"三一博士用生动易懂
的简练语言，描述出了南水北调的重要程度和实际的操作难点。又如扬

---

① 程征，周燕群. 主流媒体的抖音账号运营攻略［J］. 中国记者，2018（11）：59 -
62.

② 玩转抖音、公众号，同学们所说的"郭哥"是哪位辅导员？［EB/OL］. 搜狐网，
2018 - 11 - 25.

州大学申维教授@申维开讲，以"讲最有趣的历史"为宗旨，在抖音上说了很多有意思的历史故事和寓言段子。通过寓言故事说人生道理，网友也纷纷表示学到不少。类似的高校名师的抖音号还有很多，时下短视频已成为移动互联网时代继文字和语音之后新兴的"传道、授业、解惑"承载方式，高校师生攻占这块"高地"，特别是跟该赛道上的"头部玩家"抖音联袂，利用其人工智能推荐、海量内容分发等优势，不落后于时代很有必要。尤其教授学者们进行内容输出，需要其不止于手段方面的创新，不仅要褪去"高冷"的一面，在内容、形式上都要加以升级和丰富，增强专业知识的吸引力、感染力、影响力、有效性。

第十章

避坑指南：知法明责少走弯路

对抖音平台的内容、用户等在线治理是保障互联网文化健康快速有序发展的重要基石，面对汹涌而出的短视频新业态，面对各种类型与各种形式的文化内容以及各类层出不穷的文化乱象，加强互联网文化的秩序治理，才能更好地推动互联网文化可持续发展。

第一节　困境：短视频生态面临"并发症"

近年来，短视频市场风起云涌，其作为一种新型的网络文娱产品、一种新型的自媒体平台，随着移动互联技术的发展与普及，已逐渐成为网民生活中的重要组成部分。极光大数据的监测结果显示，截至2018年2月，抖音短视频APP的市场渗透率已经达到14.34%。这意味着市面上每100台手机中，就有超过14台安装抖音短视频APP，但是，互联网短视频平台不断被曝出低俗、色情、造假等问题亟待解决。互联网短视频企业生产制作的产品必须在法律框架下坚持正确的引导方向，否则将成为误导人民、撕裂社会、危害国家的工具。

一、视频内容难控，影响社会稳定现隐忧

互联网短视频平台能够在极短的时间内快速传播信息，如果短视频

内容包括邪教恐怖、淫秽色情、血腥暴力等不良信息，必然会错误引导青年大学生的三观，为整个网络安全和社会秩序带来负面影响。在碎片化时代下出现的短视频制作中，以追求潮流式的拷贝出现了众多同质化浅层次的内容，一旦有一个内容受到追捧，其他作品便纷纷效仿，有的完全抄袭，有的除头去尾或重新编辑，只求靠蹭热点获得关注、点击率与粉丝数，却不知因此造成了短视频用户的审美疲劳和网络资源的浪费，甚至不断出现各种挑战社会底线的低俗内容。用炫富、恶搞、色情、暴力等内容吸引眼球，甚者更以直播暴饮暴食、生吃异物、毁坏名牌车标志、未成年妈妈为推崇来误导网民，特别是对处在世界观、人生观、价值观形成阶段的青年大学生，极易产生不良的影响。

二、媒介素养缺失，公众监督显乏力

在网络公共空间中，良好的媒介素养和法律意识是发挥公众监督作用的基础。然而在短视频迅猛发展的用户中，尚未形成三观的青年大学生群体，无法正确把握在媒介传播中出现的各种信息，并对其进行正确的选择、理解，对视频的内容产生怀疑，并由此进行评估、创造和制作，更无法用清晰的意识去规范自身网络行为。对于青年大学生来说，面对互联网的开放与自由，在现实生活中受到压制的本我个性极其容易放大，青年大学生网民参差不齐的媒介素养导致出现低俗和侵权等短视频内容无法得到有效识别，这种情况下，更不能期待公众对创作和传播的内容进行把控，因此难以发挥公众的社会监督作用。

三、用户盲目跟风，恶性竞争频发生

如今随着移动互联技术的成熟、视频拍摄要求及成本的降低，用户拿起手机即可随时随地拍摄，通过特效处理后，一键就可以分享到社交平台上。而短视频内容也五花八门，从个人才艺到日常生活吃饭睡觉都可以作为视频源泉。粉丝的数量、视频的浏览量将会直接影响视频发出

者的经济收益，因此在大量互联网短视频平台的发展中，存在较为严重的跟风现象。例如某个用户独创了一段舞蹈发布在短视频平台时，会有用户为了个人利益而盲目跟风。甚至某些短视频内容涉及了低俗、色情、造假、血腥暴力的内容，其中许多行为，不仅是对伦理道德的无视，甚至触碰了法律的底线。

四、网络监管受限，人工审核待完善

互联网短视频行业的发展迅速，导致相关的监管体系难以跟上，针对互联网短视频平台建立的监管体系还有待完善。目前的视频和语音监控技术无法实现对上传短视频的实时识别，基于短视频具有实时性和突发性的特点，目前我国对于互联网短视频监管的主要方式仍是人工审核。对于使用用户过亿的短视频平台，监管难度可以想象。此外，平台监管人员水平参差不齐，对于视频内容是否侵犯他人权益，甚至是否违反法律法规举棋不定。

第二节　治理：齐抓共管对症下药

2018 年以来，短视频行业平台进入整改期，内容质量安全成为短视频和直播行业的生命线。各短视频平台进行整改并严格审核机制，扩充审核团队招聘。国家新闻出版广电总局下发文件，进一步规范网络视听节目传播秩序，尤其对内容导向问题重点关注，强调版权要合法合规，内容要健康向上。自 2018 年 3 月起，已有多家平台被约谈或批评。

一、立法监管持续完善

事实上，我国自 1994 年以来陆续制定了多达 80 余部与互联网管理有关的法律和规定，其中，2008 年起实施的《互联网视听节目服务管

理规定》中明确指出："从事互联网视听节目服务，应当依照本规定取得广播电影电视主管部门颁发的《信息网络传播视听节目许可证》（以下简称《许可证》）或履行备案手续。"国务院于 2014 年 8 月授权国家互联网信息办公室（简称网信办）负责互联网信息管理之后，针对网络传播中具体事项的规定，制定了《网络传播权保护条例》，以及《即时通信工具公众信息服务发展管理暂行规定》等。在立法层面，全国人大常委会于 2016 年 11 月 7 日通过《中华人民共和国网络安全法》，这是我国第一次以立法的形式对网络领域的问题进行规定。

2017 年 3 月 10 日，《国家新闻出版广电总局关于调整〈互联网视听节目服务业务分类目录（试行）〉的通告》发布，国家新闻出版广电总局对 2010 年 3 月 17 日发布的《互联网视听节目服务业务分类目录（试行）》进行了调整。同年实施的《互联网新闻信息服务管理规定》要求，通过互联网站、应用程序等形式向社会公众提供互联网新闻信息服务应当取得互联网新闻信息服务许可证（以下简称"新闻许可证"）。2018 年 3 月底，国家新闻出版广电总局下发了《关于进一步规范网络视听节目传播秩序的通知》，从不同方面对短视频内容的制作及传播提出了严格的要求。

二、专项整治稳步开展

2018 年是短视频行业井喷式发展的一年，同时也是实施严厉监管的一年，从 4 月份开始，监管部门陆续对互联网内容领域进行了集中的整顿，其中，短视频行业成为整顿焦点，特别是针对低俗、侵权等不良内容的出现，监管部门对众多涉事短视频平台直接做出了关停、下架整改的处置，遏止不良影响的蔓延与扩大。

1. 行政处罚

2018 年年初，文化和旅游部严查了恶搞黄河大合唱的短视频的源头制作公司，对其在网络流传恶搞短视频，引发了原创者后代及网民的愤怒和不满，造成极其不良的社会效应处以高额罚款。1 月 11 日美拍用户洛某在其平台上发布了一则暴恐视频，2 月 6 日，昌都市卡若区公安分局网安大队根据中华人民共和国《反恐怖主义法》和《公安机关办理行政案件程序规定》的相关条款内容，依法对洛某进行行政拘留和治安处罚。3 月 22 日，拉萨市城关区公安局两岛派出所关注到行为人梁某某在快手平台上，以个人账号发布抹黑、侮辱人民警察的视频，经调查核实后，公安机关对其处以行政拘留的处罚。6 月份，内蒙古呼伦贝尔海拉尔公安分局民警在快手上发现有则短视频，主人公因有吸食毒品嫌疑引起了用户围观，在药物滥用嫌疑人徐某被抓住后，进行现场尿检，结果是甲基苯丙胺阳性。10 月 13 日，青海网警与当地渔政管理部门一同对抖音上一则烹煮湟鱼视频进行实地调查，结果核实了视频中出现的湟鱼实则是青海省重点保护的水生野生动物。经核实情况后，青海省渔政管理部门总站依据国家野生动物保护法的规定条款，对视频制作人处以罚款的行政处罚。

　　2. 约谈整治

　　2018 年 4 月初，在"未成年妈妈"话题愈演愈烈时，央视多次对其进行报道，点名相关平台方，引发了社会热议。国家新闻出版广电总局为此约谈了"今日头条""快手"网站主要负责人，要求立即下线网站上的低俗、暴力、血腥、色情、有害问题节目。9 月 14 日，国家版权局、国家网信办、工信部、公安部联合启动的"剑网 2018"专项行动，针对重点短视频平台企业存在的突出版权问题，约谈了哔哩哔哩、土豆、抖音、快手、西瓜视频、火山小视频、美拍、秒拍、微视、梨视频等 15 家短视频企业，责令在本次行动中出现明显问题的企业，要加强自身内部监管，提高创作者的作品版权保护意识，履行企业的主体责任。同时，依法关停"内涵福利社""夜都市 Hi""发你视频"3 款网络短视频应用并在应用商店下架。

　　3. 整改成效

　　整治行动后，哔哩哔哩网站发布公告，宣布三项整改措施：一是认真落实有关处罚决定，严格按照要求整改全站内容；二是注重加强网站审核小组的建设，不断扩大审核人力；三是通过加强"纪律委员会指南"，启动用户自我检查内容和社区。据了解，哔哩哔哩的"风纪委员会"目前已累计招募 36000 多人。除了以上整改措施，秒拍还对涉及违法违规的视频内容的创作者一律实施永久封停账号处置。快手相继上线"家长控制模式"和未成年过滤内容池。2018 年 4 月 11 日，今日头条首席执行官张一鸣发表了致歉信，并宣布审计小组将从 6000 人增加到10000 人。同时大幅增加法务人员的招聘数量。微信和 QQ 表示短视频APP 外链直播功能将在互联网短视频修复期间暂停。

抖音在此次行动中累计清理 27231 条视频、8921 个音频、永久封禁 15234 个账号。随后宣称即将上线"风险提示系统"和"时间管理系统"。其中，风险提示系统对站内潜在有风险的视频内容进行提示。时间管理系统提醒用户注意使用时间，防止用户沉迷于此。抖音还提供了时间锁的功能，用户可自行设定密码，在每日使用时长累计达到 2 小时之后，用户的账号将被锁定。此外，火山小视频表示要落实黑名单制度，把视频内容中出现违法违规行为，或者有违反公众良知、媚俗的使用者、主播等都列入黑名单，在全网实施跨平台封禁。西瓜视频除了优化推荐算法之外，还将设置正能量视频内容池，置顶多个符合社会主义核心价值观的正能量视频内容。

三、建立行业规范秩序

成立于 2011 年 8 月 19 日的中国网络视听节目服务协会，是我国目前互联网领域规模最大的行业协会之一，也是唯一的一个国家级网络视听领域行业组织。2019 年 1 月 4 日，协会公开发布了《网络短视频平台管理规范》和《网络短视频内容评审标准规则》。每个成员单位根据网络视听管理政策的要求发起自律行动，主要为了坚决抵制防范低俗有害内容传播，弘扬主流价值观，促进短视频平台自觉承担社会责任，保护年轻人的健康成长，营造清晰的网络空间，为社会注入积极的能量。《网络短视频平台管理规范》提出了 20 项建设性要求。内容来源吸收总结了目前短视频行业中出现的问题及运营中的各项的经验，根据网络视听管理政策新要求，发布平台应遵守的一般规范、账户管理实践、内容管理实践和技术管理实践。《Web 短视频内容审核标准规则》提供了100 个操作审核标准。规则主要针对短视频领域的突出问题，并由短视频平台的一线审核员提出要求。这两个标准的发布得到全行业的肯定，各平台也相继切实执行，主要从机构和把关两个层面，为短视频内容的安全防护提供保证。据悉，开展短视频业务的平台大部分都参与了两份文本的起草和制定。

2018 年 7 月，针对一些网络短视频格调低下、价值导向偏离和低俗恶搞、盗版侵权、"标题党"突出等问题，国家网信办会同工信部、公安部、文化和旅游部、国家新闻出版广电总局、全国"扫黄打非"办公室五部门，开展网络短视频行业集中整治，依法处置一批违法违规网络短视频平台，约谈 16 款短视频 APP 责任人，12 款 APP 被下架。2018 年 9 月 14 日，针对重点短视频平台企业在"剑网 2018"专项整治中的自查自纠情况和存在的突出版权问题，国家版权局约谈了 15 家重点短视频平台企业。随着对行业乱象的监管不断加强，网络综合治理体系逐步健全，2018 年成为短视频行业规范发展的重要转折点。

2019 年 1 月初，中国网络视听节目服务协会发布《网络短视频平台管理规范》及《网络短视频内容审核标准细则》。两份文件从机构把关和内容审核两个层面为规范短视频传播秩序提供了依据，有助于进一步规范短视频行业发展。

1. 构建物联网短视频法律体系

目前我国在互联网短视频平台方面缺失法律体系，因此面对互联网短视频平台的纠纷及争议问题时，很难针对各类问题从法律层面给予支持和说明。国家应尽快结合我国互联网文娱产业发展的结构与特点，确定焦点问题的法律属性，结合其他部门法，建立、健全互联网短视频产业的法律制度，从而有效地解决问题。为了推动我国互联网短视频甚至互联网文娱产业的有序发展，在制定法律法规时应当满足市场发展规律，明确专门的监督机构和监管机制，建立顺应时代要求、符合产业发展的监管体系。立法过程也切忌操之过快，立法者应结合我国的实际情况，充分调查各大互联网短视频平台，结合现行法律制度，采取合理的立法模式，尽可能兼顾到社会各方面利益。鉴于目前国内短视频形式各异，内容繁多，质量参差，国家出台法律性文件时应参考行业自律规则或者承认行业自律性规则的法律地位，以便统一行业标准。互联网短视频平台应当自觉接受社会监督，听取公众意见，设置投诉举报窗口，协助健全符合我国国情的互联网短视频法律体系。

2. 加强互联网法律法规的执行力

《中华人民共和国网络安全法》（以下简称《网络安全法》）是我国对于网络安全管理综合标准的基本法律。《网络安全法》规定了互联网的违法情形以及网络平台应当遵守的义务，强化了责任主体的法律责任，列明了危害网络安全、造成违法后果具体的惩罚标准，并提高了罚款金额，明确违法情节严重的可以予以行政拘留。这与过去主体责任约定不明的法律法规相比，无疑是一个巨大的进步。作为网络空间的基本法律，《网络安全法》能起到奠基的作用，而且其中部分内容可以适用于互联网短视频的规范与治理。但这毕竟只是基本法律，更多的还是从宏观的角度出发，关于互联网短视频行为这类新事物的细化规定还不够完善。但以后若能将《网络安全法》规定的内容进一步细化，并出台配套解释，对互联网短视频平台违法行为的规制更加细致，处罚更加全面而严厉，加强其强制执行力，我国关于互联网短视频平台违法行为的规制一定能取得更好成效，从而进一步减少互联网短视频违法行为的出现。

3. 制定针对网络短视频治理的法律法规

因互联网短视频出现较晚，我国尚未制定具有针对性的法律法规。

但互联网短视频乱象横生，国家应尽快出台具有针对性的法律法规，确立监督管理执法工作主体，落实短视频平台责任，鼓励人们群众监督，明确对知识产权的保护，明确互联网短视频对未成年的保护。应明确监管人员的责任，使追责更明确、更具体。针对短视频平台的违法行为，只有细化规定，出台针对性的规定，才能便于监管。这样也利于有关部门迅速发现其违法行为，并予以高效惩治。

2018 年也是短视频行业的监管年，平台整改，热门 APP 下架，红人封禁，各种触犯"红线"的消息，不绝于耳。就在近日，中国网络视听节目服务协会发布《网络短视频平台管理规范》和《网络短视频内容审核标准细则》，被称为短视频行业"最严监管"条例，引发行业广泛热议。

（1）对标长视频：短视频审核标准更加严格与细化

《网络短视频内容审核标准细则》和《网络短视频平台管理规范》加起来超过 100 条内容，对短视频领域出现的问题进行了全面规范：

1. 开展短视频服务的网络平台，应当持有《信息网络传播视听节目许可证》（AVSP）等法律法规规定的相关资质，并严格在许可证规定的业务范围内开展业务。

2. 网络短视频平台应当积极引入主流新闻媒体和党政军机关团体等机构开设账户，提高正面优质短视频内容供给。

3. 网络短视频平台应当建立总编辑内容管理负责制度。

4. 网络短视频平台实行节目内容先审后播制度。平台上播出的所有短视频均应经内容审核后方可播出，包括节目的标题、简介、弹幕、评论等内容。

5. 网络平台开展短视频服务，应当根据其业务规模，同步建立政治素质高、业务能力强的审核员队伍。原则上，审核员人数应当在本平台每天新增播出短视频条数的千分之一以上。

6. 建立"违法违规上传账户名单库"，并实行信息共享机制。

7. 在技术管理规范中，强调应当合理设计智能推送程序，优先推荐正能量内容以及未成年人保护机制的建立。

8. 网络短视频平台应当履行版权保护责任，不得未经授权自行剪切、改编电影、电视剧、网络电影、网络剧等各类广播电视视听作品。

（2）最严监管：或导致短视频行业重新洗牌

过去，短视频行业的崛起之路，核心要素之一就是"算法没有价值观"。在 UGC 生产模式下，平台不直接生产内容，也没有编辑，用户浏览什么样的内容，往往是算法根据兴趣分发，最大化满足人性的直接需求，这也导致短视频平台利用"低俗猎奇内容抓住人性弱点"的方式，去推动流量的裂变式增长。

短视频行业的监管标准，向长视频看齐之时，短视频的赛道，有可能引来新的动荡期。抖音与快手建立的护城河已经很深，势能强劲，不过，在新政的刺激下，短视频行业会细分出更多的垂直赛道，用独具特色的正向内容，闯出新的突围路径。

第三节　素养："全民狂欢"下的青年应对

建设好抖音上的清朗网络空间，需要广大思政工作者和青年大学生的共同努力，高校思政工作者要引导大学生做网络文明的坚定践行者、社会主义核心价值观的弘扬者，共同营造健康文明的网络文化环境做出自己的贡献。让抖音空间风清气正、充满阳光，真正成为专业便捷的知识库、温暖可靠的朋友圈、文明理性的舆论场。

一、擦亮火眼金睛，守住意识形态防线

高校思政工作要引导青年大学生正确在抖音上"冲浪"，必须坚守文

明健康的审美底线，自觉远离低级趣味，坚决摒弃廉价的笑声、无底线的娱乐和无节操的糟粕。高校可从要擦亮火眼金睛，守住意识形态防线。

1. 举旗守正，筑牢思政教育防火墙

高校思政工作者在打造"抖音"阵地时，必须坚持把党和政府的声音传播好、把社会的主流展示好，促进正本清源、防止以讹传讹、捍卫思想高地。对涉及国内外重大政策、热门事件、青年思潮、社会观点、教育政策等事件上，坚持内容选择不求多、不求大，多以服务大局、服务学生为行动指南，着重选择能够为大学生思想政治教育工作，尤其是意识形态工作提供有益借鉴、发人深醒或者需要警惕的视频内容。同时，要时刻关注社会思潮变化：重点把握青年学生的思想动态，重点关注网络上的敏感话题、重要观点和思想倾向。通过抖音阵地"传递正能量、抵制负面舆论"。针对各种非马克思主义、反马克思主义错误思潮和倾向，敢于及时亮剑、旗帜鲜明地加以反对和抵制，帮助广大青年学生划清是非界限、澄清模糊认识，引导舆论走向，如@北京大学 制作的#北大思政课 系列视频，播放量46.8万，用风趣幽默的方式解读看似灰色难懂的马克思主义理论知识，从而更好地助力政治稳定、促进社会和谐发展。

2. 清醒头脑，自觉抵制低质舆论场

抖音虽然赋予了大学生发声的权利，但抖音平台不是某个学生的"自留地"，而是数亿网民的"公地"。一是要引导大学生在网络表达中，要慎用不文明的网络流行语，要对有恶俗倾向的网言网语进行必要的甄别和过滤，阻止恶俗网络流行语向社会蔓延和渗透的速度，让"净语良言"成为网络的通用语言。二是积极开展正确的舆情引导，帮助大学生运用马克思主义的立场、观点、方法认识问题、判断事物，树立正确的世界观、人生观和价值观。部分短视频博主利用大学生网民对某些问题形成的由来已久的舆论成见，通过炫富、卖惨甚至杜撰的形式将原本并不存在矛盾和对立的客观报道制造成不良社会影响，如仝卓高考舞弊事件。要引导大学生网民理性、客观面对抖音中较为敏感的、社会议论热度比较高的视频，如腐败、官二代、富二代、医疗、房价等①。

3. 制度落地，形成媒介素养培育体

筑牢意识形态防线要启动学生自身的内在动力，让网络媒介素养入耳、入脑、入心。学校教育是系统化推进大学生媒介素养培育的主渠道，高校课程本身具有目的性、计划性、强制性、权威性和持续性等特点，为媒介素养培育提供了必要保障。②。一是建立大学生媒介素养培育课程体系。从高校的整体课程设置来看，媒介素养培育课程仅局限于新闻传播学的各专业中，针对非专业学生的公共课程几乎空白，这在信息爆炸时代尤其显得不合理和不平衡。鉴于此，高校应把媒介素养培育纳入公共课体系中，合理规划媒介素养教育的课程模式、编写紧扣时代特征的通用教材，让如何用好包括抖音在内的新兴媒介成为大学生的日常性的教育。二是打造大学生媒介素养培育师资队伍。学校的媒介素养培育主要由教师主抓，教师的媒介素养水平也在一定程度上决定着大学生的水平。可以说，在教育专业化的国际趋势之下，师资力量的培养必须先试先行。但当前部分教师媒介素养仍不容乐观，可以说，很多老师甚至连"抖音"是什么都不得而知，对教师队伍进行通才化、专业化的培养提升已成当务之急。三是加强媒介素养培育理论研究。毋庸讳言，加强大学生媒介素养培育研究和宣传，既是重大的政治任务，又是理论任务。对此，高校应充分发挥人才聚集和理论研究优势，紧密围绕媒介素养培育产出高质量的研究成果，以先进的理论筑牢网络意识形态防火墙。

---

① 朱继东. "标题党"泛滥的危害、根源和对策［J］. 新闻爱好者，2012（17）：15–18.

② 田丽君，陈莉娟. 学校媒介素养教育目标体系及实施策略探究［J］. 中国广播电视学刊，2007（08）：39–41.

二、提升艺术品位，拒绝逐利失底线

高校官方抖音要维护公序良俗，加强内容生产的制度建设，注重娱乐品质，提升内容的思想性、艺术性以及责任感，自觉抵制过度商业化、过度娱乐化和低俗倾向。

1. 提高网络娱乐的文化品格

不可否认，抖音的主要功能还是娱乐，但良好的娱乐体验必须要有一定的文化品格做支撑，娱乐也需要表达真性情，显露真情怀，而不是营造虚假的情感氛围，一味搜奇猎艳和追求媚俗的低级趣味，制造文化"垃圾"。对于高校思政工作者而言，一是要坚持"内容为王"，把优秀的历史、文化、科教等知识融入抖音中。二是要把社会主义核心价值观贯穿到创作生产传播各环节，帮助青年大学生树立正确的世界观、人生观和价值观，提高抵御腐朽文化侵蚀的能力，用强大的信仰力量和高远的精神境界为其补充精神之"钙"。三是要坚持文化传承，结合时代弘扬中华优秀传统文化，展示中华优秀传统文化的思想精华和道德精髓，发掘其与现代文明的内在精神关联，起到对青年大学生成长的指导作用。

抖音的娱乐性质和高雅的文化品格并不是互相矛盾的，只要网络媒体本着提高青年文化素养和精神追求的目的，用雅俗结合、深入浅出、生动有趣的方式，讲清楚中国特色社会主义事业到底追求什么、要向着什么方向走，讲明白古圣先贤的思想，讲透彻仁人志士的夙愿，讲鲜活革命先烈的理想，讲生动每个人对未来生活的美好憧憬，必然能够做到完美融合。因此，高校思政工作者必须借用抖音唱响社会主义核心价值观的主旋律，坚定青年对中国特色社会主义的道路自信、理论自信、制度自信，有效抵御西方国家所谓"普世价值"的渗透。①

---

① 刘巧凤. 媒体文化对大学生价值观嬗变的影响［J］. 教育学术月刊, 2011 (3):
40 - 41.

2. 创作符合大学生成长规律的文化产品

抖音虽然面向大众,有着"雅俗共赏"的需求,但也必须具备一定的社会责任,以正确的价值观引导网络娱乐的发展方向,服务青年大学生成长成才的目标而作为高校,在建设抖音时,更是要把这份责任扛在肩上。

一是要把握贴近青年、贴近实际、贴近生活的原则,从青少年学习成长实际中选题取材,使之在放松休闲时思考人生哲理,体验人与人的真情沟通,从而在身心舒展的过程中得到精神的愉悦和提升。

二是要坚持严格管理,坚决制止学校老师学生发布错误言论、诱导犯罪、低俗恶俗类的短视频,当发现学校场域,如学生、老师出现不良导向的视频内容时,可通过辅导员、教工委等部门及时引导纠偏,亦可向属地相关部门反映,对危害较大的内容进行查删。

三是要注重制作质量,无论是从选题、策划,还是议题设置、舆论导向、话题参与等各个环节,都要精益求精,不能粗制滥造、滥竽充数。经过精心策划和创作的高质量娱乐节目和娱乐形式,能够传递真善美,传递向上向善的价值观,引导大学生增强道德判断力和道德荣誉感,向往和追求讲道德、尊道德、守道德的生活。唯有如此,方可制作出有利于大学生思想道德培养和建设、合乎时代特征、符合青年成长规律、符合社会发展趋势的先进网络娱乐作品,起到"寓教于乐"的效果。①

3. 高校抖音运营团队的职业道德建设

高校抖音运营团队一般由一名专职教师负责,组建学生团队,也有高校采取外包的形式,即聘请专业的新媒体公司代为运营。这两种模式,不不可避免地涉及运营者的媒介素养和职业道德。

一是运营团队要增强自律意识,用过硬的品质修养和良好的行动筑

---

① 沈汝发. 且行且歌:"流行音乐与青少年成长"研究 [J]. 中国青年研究,2003 (1):27-33.

起一道坚实的"防火墙"，而非把适应市场经济发展的需要作为迎合低级恶俗之风的借口与盾牌，让糜烂的精神垃圾腐蚀青少年的灵魂。①

二是要善于从市场的涨落中看到青年的选择，善于从市场的起伏中把握青年的喜好，但必须坚持把社会效益放在第一位，实现经济效益和社会效益的有机统一，完成"眼球经济"的良性转型。②

三是要确立明晰的"负面清单"。网络泛娱乐化问题的产生往往是抖音运营者对界限的认识不清所致。对此，可考虑明示媒体泛娱乐化的"负面清单"，明确应自觉从维护社会共同文化记忆和基本价值规范的立场出发，对红色革命、民族历史文化、严肃的民生社会话题、人类生命价值和侮辱女性等题材禁止娱乐化，作为网络时代的"把关人"，网络编辑过硬的专业素质与高尚的职业操守，将把好网络娱乐审核的最后一班岗，守住"最后一道防线"。③

三、强调以文化人，拒绝娱乐变愚乐

网络环境充斥着大量娱乐信息，而学校教育尚未摸清网络这个新兴事物的发展规律，也未将媒介素质教育完全纳入教育内容中，从而导致了一个意义缺失和价值混乱的世界呈现在大学生的眼前。对大学生而言，缺乏专业系统的媒介素养教育，将使其缺乏清醒的认知和判断标准。

一是要开展人生观教育，培养大学生正确的人生观。学校要用马克思主义和马克思主义中国化最新理论成果教育大学生，用中国特色社会主义共同理想促进大学生坚定理想信念，用以爱国主义为核心的民族精神和以改革创新为核心的时代精神激励大学生积极进取的人生态度，以

---

① 郑保卫，陈绚．传媒人对"有偿新闻"的看法——中国新闻工作者职业道德调查报告 [J]．新闻记者，2004 (5)：20－22.

② 房慧萍．全媒体时代电视节目主持人素质要求及养成 [J]．东南传播，2014 (11)：145－148.

③ 陈力丹．我国传媒业的职业道德意识与自律建设 [J]．现代传播 (中国传媒大学学报)，2007，1：30－34.

此对抗网络娱乐中渗透的享乐主义和个人主义的价值观念①。

二是要引导大学生建立批判的思维，学会分析网络信息和社会真实面目间的差距，提高去伪存真的能力。同时，提高大学生的行为管理能力，以防沉醉于网络、沉迷于海量的媒体信息等不当的媒体接触行为导致网络成瘾。

三是要开展审美教育，提高大学生的艺术鉴赏能力。学校应该开设专门的艺术课，通过老师的引导帮助大学生学会正确地评价艺术作品，理解、体验艺术作品蕴含的真谛，感知艺术的力量。针对网络媒体传播低俗娱乐内容的不良影响，艺术欣赏课应该将重点放在娱乐内容的展示和对社会美的揭示和欣赏上，培养大学生健康的审美需要和审美情趣②。

四是要开展休闲教育，培养科学的娱乐观。学校要帮助大学生学会自由选择有意义的娱乐活动，有计划地参与以及保持长期的兴趣，增强内在激励体验，以防沉迷网络产生无聊、消极的感觉。总而言之，学校要利用课程教育的优势帮助青少年分析当前的网络娱乐方式，在探索中教会大学生以健康、积极的方式使用娱乐时间，在娱乐中获得自我提升和个人发展③。

---

① 骆郁廷，方萍. 论新媒体时代的寓教于乐 [J]. 思想教育研究, 2017 (3): 3 - 9.

② 张荣，王晓飞. 以互联网为载体的思想政治教育信息传播论 [J]. 中国教育学刊, 2017, 1.

③ 包雷晶. 论社交媒体环境下网络思想政治教育的有效性 [J]. 思想理论教育, 2017 (3): 79 - 82.